不動明王（金汁唐卡、全佛出版社提供）

不動明王
除障守護主

Acalanātha

- 摧破一切惡力、魔擾
- 安鎮家園無衰患
- 降伏魔障、去除惡業、加持無惡夢
- 求得封官爵位
- 增加福德、遠離苦難

《守護佛菩薩》出版緣起

　　《法華經》中告訴我們，諸佛是因為一大事因緣，而出現在世間。這個大事因緣，就是諸佛幫助眾生開示悟入佛陀的知見，而臻至究竟圓滿成佛。

　　因此，諸佛出現在世間的主要因緣，就是要守護我們，讓我們能夠安住於生活中修持，最後如同他們一樣圓滿成佛。

　　人類可以說是所有六道眾生中，造作行為的主體，因此人間的發展，也影響了天人、阿修羅、餓鬼、畜牲、地獄等其他類別眾生的因緣方向。所以，在佛法中的教化，雖然傳及法界眾生，但最主要還是以人間為中心。

　　因此，佛菩薩們雖然化身為無量來度化眾生，但是守護人間還是根本的重點。佛菩薩們守護我們，當然是以法身慧命為主，讓我們能夠開啟智慧，具足大悲心，而圓滿成佛。

　　在修行成佛的過程中，佛菩薩們總是扮演著如同師父、師母、師長的角色來守護、教導我們，甚至會如同兄弟姐妹一般隨身提攜。讓我們不只在遇到災患憂難的時候，能息除災難、增加福德，進而更生起吉祥的喜樂；並且當我們一時忘失修持正法菩提、遠離善友時，也能時時守護著我們，讓我們遠離眾惡邪侵，體悟隨順正法，而趣向無上菩提。

Acalanātha

不動明王

其實不管我們生活在任何時間、任何處所、佛菩薩們都永遠的護念著我們、守護著我們,沒有一時一刻忘失我們這些宇宙的浪子。因為守護著人間、守護著我們,正是佛菩薩的大悲心懷,所自然流出的本願。

許多修行人時常提倡要憶念諸佛、修持念佛法門,這實在是最有功德及效能的法門之一。但是如果就真實的現象看來,其實諸佛菩薩是永遠不忘失的憶念著我們,而我們卻時常忘記念佛。

所以,當仔細思惟佛菩薩的願力、慈悲、智慧、福德時,才憶想起我們是多麼幸福,受到那麼多的祝福與護佑。如果能理解到這樣的事實,必然發覺到有無數的佛菩薩,正準備幫助我們脫離苦難而得致喜樂、消除災害、增生福德,並能夠修行正法,具足慈悲、智慧而成就無上菩提。

世間的一切是依因緣而成就,而在法界無數的佛菩薩中,有些是特別與人間有緣的。為了彰顯這些佛菩薩大悲智慧的勝德,也讓大眾能思惟憶念這些與人間有緣的佛菩薩,而感應道交,得到他們的守護。因此,選擇了一系列與人間特別有緣,並具有各種特德,能濟助人間眾生離災、離苦、增福、增慧的佛菩薩,編纂成《守護佛菩薩》系列,讓大眾不只深刻的學習這些佛菩薩的法門,並更容易的受到他們的吉祥守護。

祈願《守護佛菩薩》系列的編纂,能幫助所有的人,能

快樂、吉祥的受到這些佛菩薩的守護。而二十一世紀的人間
也能快速的淨化，成為人間淨土，一切的眾生也能夠如願的
圓滿成佛。

Acalanātha

不動明王

不動明王——序

　　不動明王是一切勇者的表率，具有最廣大無比的威力，能摧碎一切惡力、魔擾，任何人在他的護衛中，自然能夠安穩自在，無畏的安步向前。

　　不動明王（Ācalanāthaḥ）是五大明王的主尊，又稱為不動威怒明王、無動尊等名。為大日如來的教令輪身，能護持大日如來的教令。其清淨菩提心的特德至為威猛而且堅固不動，所以稱為不動明王。

　　不動明王的密號為常住金剛，如法身常住，被視為大日如來的化身。他身現童子的形相，頂上有七髻，辮髮垂於左肩，左眼細閉，下齒咬著上唇，現出忿怒相，背負猛火，右手持著利劍，左手持著羂索，作出斷除煩惱的姿勢。

　　他右手的利劍代表著佛智，羂索是代表索縛一切煩惱業障，他的現身即是要用智慧的寶劍，來摧斷種種眾生的纏縛煩惱，出生佛陀的大智。而這利劍與羂索，也代表著定慧與理智。

　　不動尊以他的大悲心從法界體性中，出生火生三昧，摧滅法界中的一切罪障，焚燒眾生所有的垢穢，並安住於菩提心，寂定不動。

　　不動明王面惡心善，他雖然示現忿怒相，但卻永遠慈悲溫柔地守護著一切眾生。事實上他的忿怒完全是從大悲心中

所出生的，他正悲愍著眾生為何尚未成佛。

據密教典籍《大日經疏》所記載，不動明王示現的是「初發大心、諸相不備之形，為如來僮僕給使，執作諸務」，其實他久已成佛，但由於本願緣故，示現為如來的奴僕，護持三寶，執持勤務。而且他率領眾多眷屬，日夜守護修行者。

在本書中，我們可以從各個面向來認識不動明王，了解其三昧耶誓句的深義，他的各種相貌、形象，及其廣大的眷屬。並說明了如何祈請不動明王守護的方法，了解不動明王的心意。

希望讀者在專一心意修持中，能夠感受不動明王如護自心般的大悲守護，在各種不動明王的修持法中，如十四根本印、十九布字法、十九相觀、本尊觀等法門中，受用不動明王如同奴僕般的殷勤擁護，而圓滿成佛。

祈願本書能讓所有讀者，在不動明王大悲忿怒的面容下，護佑我們除卻一切障礙，圓滿成就眾願，直至獲得如同大日如來的圓滿果位。

南無　如心守護　不動明王尊

目　錄

不動明王（金汁唐卡、全佛出版社提供）

Acalanātha

不動明王

■ 不動明王安住於火生三昧

火生三昧又稱為火生三摩地或大智火焰三摩地。

火焰分為世間及出世間火。世間火又分為內火、外火，內火是指我們自己體內能量的燃燒，如虛火、實火等等，而我們身體的新陳代謝無常的燃燒則是屬於外火。

而不動明王這大智火焰是屬於出世間火，是淨菩提心的智火，能燒盡眾生的無明與枝末煩惱，除去種種障難，是能降伏諸火龍的三昧。

不動明王的尊像必在火焰之中，即表示住於火生三昧，由己身生出智慧火焰。

不動明王晝夜擁護修持的行者

第一章　認識不動明王

　　不動明王是我們清淨菩提心的顯現，具足廣大威力，能斷除一切魔障與無明煩惱，守護我們，直至圓滿成佛。

　　不動明王梵名為阿遮羅 Acalanātha，西藏名為 mi-gyo-ho，是密教五大明王之一或為八大明王的主尊，又稱為不動金剛明王、不動尊、無動尊、無動尊菩薩，或不動使者，無動使者。

　　不動明王在密教現圖胎藏界曼荼羅中，位列於持明院五尊之中的最南端，不動明王通常被視為大日如來的應化身，承如來的勅命，示現忿怒的相貌，帶領著眾多使者，恆常日夜擁護行者，令行者生起菩提心，斷除惡業修習善法，令其獲得大智成佛的功德。

　　在《大日經疏》卷五中則敘述，不動尊雖然久已成佛，但因為他的三昧耶本誓願的緣故，示現奴僕三昧，為如來僮僕執作眾務，所以又名不動使者、無動使者，受行者的殘食供養，常晝夜擁護行者，令其成就圓滿菩提。

　　此外，不動明王常住火生三昧，焚燒內外障難及諸穢垢，摧滅一切魔軍怨敵。

Acalanātha

不動明王

■ 不動明王為五大明王之一

指示現忿怒相的不動明王、降三世明王、軍荼利明王、大威德明王、金剛夜叉明王等五大明王。又稱為五大尊或五忿怒。此五明王乃第九識所變現，係五佛為降伏內外魔障所變現的教令輪身。即：

(1)**中央不動明王**：為大日如來的教令輪身，能降伏一切諸魔。

(2)**東方降三世明王**：為阿閦如來的教令輪身，能降伏大自在天。

(3)**南方軍荼利明王**：為寶生如來的教令輪身，能降伏五陰魔。

(4)**西方大威德明王**：為無量壽如來的教令輪身，能降伏人魔。

(5)**北方金剛夜叉明王**：為不空成就如來的教令輪身，能降伏地魔。

不動明王能斷除我們無始無明的煩惱

01 關於不動明王的名號

　　不動明王在密法中有著十分獨特的地位，他是一切勇者的表率，具有無比廣大的威力，能摧碎一切魔障。

　　不動明王是密教五大明王或八大明王之一，又稱為不動金剛明王、不動尊、無動明王、無動尊菩薩、不動使者、無動使者等，密號為常住金剛，可以說是一切明王、護法的主尊。

不動尊

　　在《底哩三昧耶經》卷上記載：「不動者，是菩提心，大寂定義也。」又「調伏諸眾生故，號不動尊。」

　　《大日經疏》卷九中又也說明了「不動」的真義：「所謂不動者，即真淨菩提心，為表是義故，因事立名。」

　　不動尊即是我們的清淨菩提心，不動明王依此能斷除我們無始無明的煩惱，教示無邊眾生，獲得自在，直至我們圓滿成佛。

無動明王

　　此外，《底哩三昧耶經》卷上記載：「無動明王此是如來法身，以大願故，無相之中而現是相，護一切真言行者。

八大明王　據《大妙金剛經》所記載，八大明王係指八大菩薩所示現之八大金剛明王，即：降三世明王、大威德明王、大笑明王、大輪明王、馬頭明王、無能勝明王、不動明王、步擲明王。

Acalanātha

不動明王

不動明王是毘盧遮那佛為救濟眾生脫離苦海而化現的

若能常念，能達一切障也。所謂無動者，即是眞淨菩提心，
爲表是義故，因事立名也。」

在此經中不僅記載不動明王的名號為無動者，另外還有
「無動明王」的名號，「無動」即是真淨菩提心，為表示此
義的緣故，因而以此立名。

無動使者

在不空三藏法師所譯的《底哩三昧不動尊聖者念誦祕密
法》卷上中說：「云無動使者，即大日如來。」無動使者即
是不動明王的另一個名號，而且在本經中明白標出不動明王
即是大日如來。

不動金剛明王

在《聖無動尊安鎮家國法》中記載：「爾時毘盧遮那如
來，爲愍念一切有情，常於煩惱苦海之中，流浪生死不出三
界受眾苦故，展轉造作無量苦業相續不絕。我爲拔濟一切有
情、於三界中現威德光明自在之身，號曰：不動金剛明
王。」

在此經中直接記載了，毘盧遮那如來為了愍念一切有
情，常流浪於三界苦海，拔除救濟有情脫離眾苦，因而化現
為不動金剛明王。

Acalanātha

不動明王

不動明王能令咒密行者親見佛陀，發起廣大的菩提心

不動使者

在唐朝一行所著的《大日經疏》卷九記載：「不動使者，即大日如來，如世間王敕教命令，使一人火急追投，使人至已，上至王公，不及凡庶，無問貴賤，更不能槌逆，皆隨使往至彼王所，無問善惡，一依教命。無動使義如是，能令眞言行者親見佛故，發廣大心，灌頂位中爲佛長子，佛使願淨佛國土，遊戲神通。」

在本經中記載的「不動使者」即是不動明王的另一個名號，在此也明白標示出不動明王即大日如來，他能令真言行者親見佛陀，發起廣大的菩提心。

Acalanātha

不動明王

很多經典記載：
不動明王為大日如來所變現

《不動使者法》中記載
不動明王為釋迦牟尼佛所變現

02 由諸尊所變現的不動明王

關於不動明王尊是由哪一位聖尊所變現的，在很多經典中，都明白指出不動明王是由大日如來所變現。

此外，還有為釋迦牟尼佛變現的說法，為金剛手所變現、為除蓋障菩薩變現等不同的說法。以下，我們分別各個經典中介紹的不同說法。

大日如來所變現

在《底哩三昧耶經》中就直接指出：「不動即大日如來。」又記載：「無動明王如來法身。」

此外，《大日經疏》卷五中則敘述：「此（不動）尊於大日華臺，久已成佛，以三昧耶本誓願故，示現初發大心，諸相不備之形，為如來僮僕，給使執作諸務。」

此即明白記載不動尊於大日華臺久已成佛，發心示現奴僕三昧，為如來使役執作眾務。

而在《不動明王安鎮家國等法》中則記載：「我大日如來，安鎮家國法，現威德自在，號不動明王。」大日如來在安鎮家國法中，示現威德自在之相，號為不動明王。此即標出不動明王為大日如來所化威德自在之相。

Acalanātha

不動明王

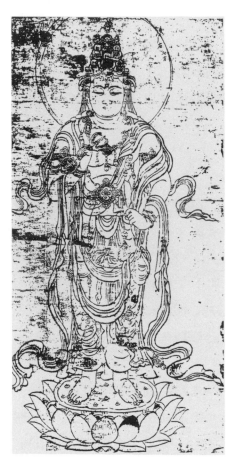 

《不動尊儀軌》記載不動明王為金剛手菩薩所變現

《八大菩薩曼荼羅經》記載不動明王為除蓋障菩薩所化現

釋迦牟尼佛所變現

在《不動使者法》中記載：「先於中心畫釋迦牟尼佛作美笑容，底下畫不動使者。」因此而認為不動明王為釋迦牟尼佛所示現。

金剛手菩薩所變現

在《不動尊儀軌》記載：「金剛手菩薩，入三摩地，名金剛等，熾盛光焰，其光普照一切佛土，周方焚燒三界……時，金剛手菩薩復告文殊師利云：『有大威怒王，名聖者無動尊。』」在此儀軌中則敘述，金剛手菩薩化現大威怒王，名為無動尊。

除蓋障菩薩所變現

此外，在《八大菩薩曼荼羅經》中記載：「爾時，除蓋障菩薩現作不動尊金剛明王。」在此經中，則明白指出除蓋障菩薩化現為不動尊金剛明王。

雖然在各個經典中記載著不動明王為不同的佛菩薩所化現，但是，以不動明王為大日如來所化現的為多。

教令輪身的不動明王

而且明王可以說是如來為了攝伏難以教化的眾生，而以

Acalanātha

不動明王

■ 《祕藏記》中三輪身與五方、五佛、五菩薩、五明王的配屬

方位 諸尊	三輪身	三身	中央	東方	南方	西方	北方
五佛	自性輪身	法	大日如來	阿閦佛	寶生佛	阿彌陀佛	不空成 就佛
五菩薩	正法輪身	報	般若菩薩	金剛薩埵	金剛藏 王菩薩	文殊菩薩	金剛牙 菩薩
五明王	教令輪身	化	不動明王	降三世 明王	軍荼利 明王	大威德 明王	金剛藥 叉明王

不動明王為大日如來的教令輪身

024

殊妙智慧所化現的忿怒身。明王可視為佛陀的化現，這觀念的產生，與密教中三輪身的思想有關。

　　三輪身是指自性輪身、正法輪身及教令輪身三身。

　　大日如來是自性本身，所以自性輪身是指如來的當體（即法身）。

　　正法輪身指如來垂迹示現的身，如金剛薩埵。所以，金剛薩埵就是正法輪身，是指佛陀示現為菩薩身（即報身）來教化眾生。

　　教令輪身是指如來垂迹化現為忿怒明王身，來利益教化眾生，如五大金剛。所以，五大金剛即是佛陀化現為大忿怒、怖畏的金剛身（即化身），來使惡性眾生成就。

　　所以三輪身依次為五佛、五菩薩、五大明王，有時也視為法、報、化三身的一類。

　　在《祕藏記》中即以大日如來、阿閦佛、寶生佛、阿彌陀佛、不空成就佛五佛為自性輪身，般若菩薩、金剛薩埵、金剛藏王菩薩、文殊（或觀音）菩薩、金剛牙菩薩五菩薩為正法輪身，不動明王、降三世明王、軍荼利明王、大威德（或馬頭）明王、金剛藥叉明王等五明王為教令輪身。（如左頁圖表所示）

　　所以，不動明王即是大日如來示現大威、大悲忿怒的威力，來降服剛強難度眾生，也就是教令輪身。

Acalanātha

不動明王

童子形

現忿怒相

下齒囓上唇

右手持利劍

背負猛火

頂上七髻

左眼細閉

左手持羂索

磐石座

《大日經》中記載的不動明王形象

03 不動明王的形象

常見的不動明王像

基本上,不動明王大部分是青黑色身,實際上也有紅色的不動明王、黃色的不動明王等很多種不同顏色。而青黑色其實表示空的體性,即大日如來的體性。

《大日經》是密教胎藏界的根本經典。在《大日經》中,不動明王占有極重要的地位。在經中所描述的不動明王形象,是一般最常示現的。

〈具緣品〉對不動明王有如下的描述:「真言主之下,依涅哩底(nirṛti 西南隅)方,不動如來使,持慧刀羂索,頂髮垂左肩,一目而諦視,威怒身猛陷,安住在磐石,面門水波相,充滿童子形。」

此尊坐於磐石座上,呈童子形。頂上有七髻,辮髮垂於左肩,左眼細閉,下齒囓上唇,現忿怒相,背負猛火,右手持利劍,左手持羂索,作斷煩惱的姿態。

此外,另根據《底哩三昧耶不動尊威怒王使者念誦法》、《金剛頂瑜伽護摩儀》、《一切如來金剛三業最上祕密大教王經》卷三等記載,不動明王尚有一面四臂、四面四臂、三面二臂等種種形象,亦有根據儀軌而畫的密教圖像,

羂索 在密教行法之中,此索由五色線搓成,一端繫鐶,另一端附半獨股杵,或二端皆附半金剛杵。依密教的詮釋,此等羂索,係為教化頑強眾生及降伏四魔的法具,象徵四攝方便。在藏密稱為金剛繩,東密稱為羂索。

Acalanātha

不動明王

二臂不動明王像（《圖像卷》）

四面四臂不動明王像（《覺禪鈔》）

但以自由創作的傑作為多。

　　不動明王除了上述常見的形象外，在密教經典中還有各種不同的法相，以下分別解說。

二臂不動明王像

　　《大日經》〈具緣品〉、《大日經疏》卷五、《底哩三昧耶經》、《不動使者法》、《立印軌》等所述，是不動明王常示現的形象，右手持劍、左手持索，頂上有七髻，安坐於石上的身相。

　　《底哩法》卷中記載：畫不動尊，著赤土色屭衣，左垂辮髮髻，眼斜視。左手執劍，右手執索，坐寶蓮華，嚬眉面瞋相，作降三世狀。而《底哩經》卷下與此相同。這尊的形象與前面記載的大部份相同，只是持物左右手相反，而此尊坐於蓮花之上，上者安坐於石上。

四面四臂不動像

　　《底哩法》一卷中記載著四臂不動明王的形象：「畫不動尊，著赤土色衣，左垂辮髮，眼斜視，童子形。右手執金剛杵當心，左手執寶棒端嚴，目口皆張，利牙上出，右劍左索，其上二臂在口兩邊，作忿怒印，身處八輻金剛輪。」在諸世的十二天神中，則以此四臂的不動尊為首領。如安鎮曼荼羅或十二天曼荼羅中所示。

十二種天神 為密教護世天部的十二尊。為一切天、龍、鬼神、星宿、冥官的統領者。原是古代印度神話的神，密教以之為守護方位的守護神。吸八方天、上下天及日月天。八方天指東方帝釋天（Indra）、東南火天（Agni）、南方焰摩天（Yama）、西南羅剎天（Nairrrti）、西方水天（Varuna）、西北風天（Vayu）、北方毗沙門天（Kubera）、東北伊舍那天（Icana）。上方是梵天（Pahma），下方為地天（Prthivi）。以上十天加上日天（Aditya）、月天（Candra），合為十二天。

Acalanātha

不動明王

四臂四足不動明王像

一面六臂不動明王像

三面六臂不動明王像

　　《底哩經》卷下及《立印軌》都有四面四臂像的說法，手的相狀，經中並未說明。而《覺禪鈔》中將本面（即正面）的頂上再安置三面成為四面。

四臂四足不動明王像

　　又《覺禪鈔》中，有四臂四足之像的引用或記載，不確定其真偽。此尊以髑髏為瓔珞，髮左垂、目赤，口張開作吞啖勢，上二手上下展開如張勢，次右手持劍、左手持索，右二足屈，左二足展，倚於盤石而坐。

一面六臂不動明王像

　　又《覺禪鈔》引《聖無動尊軌》說：一面忿怒，身色如黑雲，具足六手足，頭上有七髮，一髮垂左肩，右手持利劍、寶棒、鉞斧，左手持索、箭、錫杖，坐於盤石上，使者圍繞。

三面六臂不動明王像

　　宋法賢譯《瑜伽大教王經》中，大日如來、阿閦佛……等五佛，始與諸菩薩同現多面多臂之像，在同經卷二中記載：「不動尊忿怒明王，作妙眼童子相，身翡翠色，頂戴冠內有阿閦佛，六臂三面，面各三目……右第一手持劍，第二手持金剛杵，第三手持箭，左第一手持羂索及作期剋印，第

Acalanātha

不動明王

右手高舉降魔寶劍

三個眼睛

脖子掛著蛇

全身黑色

腰部圍著虎皮裙

左手持羂索

跪姿

西藏的不動明王像

二手持般若經，第三手持弓，放赤色光遍照曜，坐蓮花上，垂於一足。」在《十忿怒明王經》中的說法亦同。

四面六臂不動明王像

《覺禪鈔》引《守護國界法》的四面六臂像說法。忿怒相其身色如日輪，火髮上聳，右手持劍、箭、金剛輪，左手持索、弓、杵。乘金色師子，左右有八童子使者侍立。

其他的形象

以上是不動明王的一些尊像。

另外在《底哩經》中也有不動明王左足踏大自在天及右足踏其后妃烏摩的說法。

西藏的不動明王形象

西藏的不動明王形象，亦有不同形態、姿勢的不動明王。

左頁所示的不動明王形象，是裸體微胖的身軀，臉上有三個眼睛，腰部圍著虎皮裙，全身為黑色，脖子上掛著蛇，右手高舉著降魔寶劍，左手拿著羂索，羂索的一頭是杵，另一頭是鈎，這些法器象徵著降服、愛敬、鈎召等意思。他採跪姿，右腿前豎，左腿屈膝於蓮座上。

Acalanātha

不動明王

■ 不動明王的種子字——啥（悍）

我們來了解啥字的架構，啥字的本體是訶 字，訶字屬於風大，代表菩薩心之意。

在訶字旁邊加一彎撇 ，表示寂靜不可得，亦代表著不動明王的龍劍。

種子字頂上的大空點 ，其形狀如同寶珠一般，有寶珠之意。將這三個部分合在一起，即代表不動明王的啥 字。

啥

啥鋡

吽

不動明王的種子字

04 不動明王的種子字、真言、三昧耶形

種子字

　　不動明王的種子字有幾種，其中悍漫（haṁmāṁ）字，是慈救咒與火界咒最後二字，𐣥（hāṁ 啥）、𐣤（māṁ 鑁或輪）的相合。

　　在《大日經疏》卷十中說：「啥字訶（ha）是行義。又有：阿（a）聲，是怖魔障金剛三昧也。點（ṁ）即大空也，以大空不動行，大怖一切魔障也。鑁字麼（ma）是我義，入阿字門即無我也，又以此大空無我三昧而怖畏眾魔，以此字亦有阿聲及點也。」這就是以大空無我的三昧，以堅固淨菩提心的不動行，來怖畏煩惱業障等為障者之義。

　　另外又有𐣥（hāṁ 悍）為種子字，這是以《大日經真言藏品》所說的一字真言為種子。

　　於大空點，啥字上面最後一點即空點。啥字代表不動明王，具足大風、大力、大降伏的力量，能摧破怨敵與一切魔緣、眾生煩惱諸惡業，能降伏一切而安住於大空之中，他是菩提心王。

　　《日經大疏》卷十說：「悍不動主也，訶是行，阿聲又是行點即大空，由住是位能降一切，為菩提心作大護也。」

Acalanātha

不動明王

■ 真言

　　真言（mantra）是梵語曼怛羅的漢譯，這個辭彙不是密教所特有的，而是承襲古代婆羅門教的語辭，後來密教再將其內義昇華、淨化，引入其中。因此形成為大日如來身、語、意三密中的語密。由於如來的言語真實契理，全無虛妄，因此稱為真言。在《釋摩訶衍論》之中，將真言配屬在五種言說中的第五如意言說。換句話說，真言就是象徵諸法實相的祕號名字。

不動明王法相

同經的〈轉字輪品〉、《不動八大童子法》、《勝軍不動軌》等，亦以此字為種子字。

　　另外又有 **𑖮** （hūṃ 吽）字為其種子字，此字是能破義，所以與降伏障礙之義相應。《立印軌》云：「打賊用眼印，誦吽字真言。」又云：「誦吽字真言能止雲雨等。」《底哩經》卷下說：「結心印稱吽字，一切惡雲退散。」都是此義。

　　以上三字都是不動明王的種子字。

真言（咒語）

　　其實真言本身，一般只是依照音譯持誦而已，因為在這樣的因緣中持誦著如是咒語，除了義理所代表的深義外，真言也蘊含了身心的特殊作用，所以念誦咒語愈接近原來的音聲愈理想，很重要的是在念誦咒語時，能真實感受到佛菩薩的願力及悲心，那麼咒語的力量，隨著我們體解的程度而加強。

　　一般常用的不動明王的真言：

施殘食真言

　　曩莫三曼多縛日羅赧　怛羅吒　阿謨伽戰拏摩賀路灑寧　怛羅麼野　吽　怛羅吒　唅鎫

　　namaḥ samanta vajrānāṃ　traṭ　amongha caṇḍa mahāroṣaṇa　tramaya　hūṃ　tmaṭ　hāṃ māṃ

Acalanātha

不動明王

不動明王法相

歸命普遍諸金剛　殘害破障　不空暴惡　大忿怒　堅固種子

其意義是：不動尊安住於大忿怒三昧，破壞一切障礙，使一切障難皆除。

火界咒

火界咒為《立印軌》及玄法、青龍二軌所說，也是一般所謂的大咒：

曩莫薩縛怛他蘖帝毘藥　薩縛目契毘藥
薩縛他　呾羅吒　賛拏　摩訶路灑拏　欠　佉呬佉呬
薩縛尾覲南　吽　怛羅吒　憾鋡

namaḥ sarva tathāgatebhyaḥ　sarva mukhebhyaḥ
sarvathā　traṭ　caṇḍa　āro ṣaṇa　khaṃ　khahi khahi
sarva vighnaṃ　hūṃ　traṭ　hāṃmāṃ

歸命一切諸如來　一切諸面門　一切處　叱呵破障
暴惡　大忿怒　一切障礙　摧破　種子

儀軌中表示此真言焚燒一切世界，一切煩惱業障全都燒盡。

慈救咒

慈救咒是《大日經》〈真言藏品〉中所說，即為中咒：

曩莫三曼多縛日羅赧　戰拏摩訶路灑拏　薩頗吒也
吽　怛羅迦　悍漫

namaḥ samanta vajrā nām　caṇḍa mahā roṣaṇa　sphaṭaya

Acalanātha

不動明王

俱力迦羅

不動明王的三昧耶形

hūṃ　traka　hāṃ māṃ

暴惡大忿怒　破壞　恐怖　堅固　種子

小咒

另外《大日經》中的一字真言，即為小咒：

南麼三曼多伐折羅赧悍

namaḥ samanta vajrā nāṃ hāṃ

三昧耶形

　　三昧耶形是密教中表示諸佛菩薩或諸尊三昧耶本誓的形象化，而三昧耶曼荼羅則是以各種形象來表達諸尊的本誓。

　　在不同的經典中記載著不同不動明王的三昧耶形，有：羂索及刀、俱梨迦羅、劍、獨股杵等。

　　㈠羂索及刀。《大日經疏》卷十三記載：「或但作印於上印謂羂索及刀也。」這刀是指雙刃的利劍。而此尊形的意義就如前所說。

　　㈡俱力迦羅（kulika）即黑龍纏繞的利劍。這龍與羂索是同一意義，又以劍為三昧耶形，而龍代表劍鞘；或以俱力迦羅為特殊的解釋意義，劍代表佛智、龍代表貪瞋癡三毒，這是表示三毒與本來佛智不相遠離之相。

　　㈢劍。

　　㈣獨股杵是表示金剛堅固的智、降伏障礙之義。

Acalanātha

不動明王

矜羯羅　　　　　　　制吒迦

不動明王的主要眷屬：二童子（醍醐本　玄朝筆）

第二章　不動明王的眷屬　　與曼荼羅

　　不動明王帶領無量無邊的眷屬，日夜擁護行者，以慈悲心引導眾生湧入佛道，而以悲忿大力斷除障難。

01 不動明王的眷屬

　　不動明王是一切明王、護法之主，廣義而言，所有的明王、護法，都可以說是不動明王的眷屬，所以不動明王有無量無邊的眷屬。

　　而依經軌的說法，不動明王最主要的眷屬有二童子、八童子或四十八使者等說法。

二童子

　　二位童子「矜羯羅」與「制吒迦」是不動明王最親近的眷屬，而且廣為人知的，有時也被認為是不動明王的化身。

　　「矜羯羅」依其字義有隨順與恭敬小心的意思。而「制

Acalanātha

不動明王

矜羯羅童子

制吒迦童子

不動明王的眷屬：二童子

吒迦」的意思則為難以共語的惡性者。這兩位童子輔佐不動明王，幫助一切眾生。

　　所謂「童子」，當然他們的像貌宛如童子一般的面貌祥和，頭上戴著蓮華冠，身體的顏色為白肉色，二手合掌。矜羯羅的二大指與頭指之間，橫插著一支一股杵，身穿著天衣袈裟及微妙的嚴飾。他是用慈悲心，引導眾生湧入佛道，他是屬於佛部。

　　而制吒迦童子，身體的顏色如同紅色蓮花，頭上結著五個髮髻，一個髮髻在頭頂上的中間，一個結在額上，一個結在頭的左邊，一個結在右邊，一個結在後側，這五個髮髻，代表五方、五智。左手持著縛日囉（金剛杵），右手執著金剛棒。由於他是瞋心惡性者，所以不穿著袈裟，而以天衣纏著頸肩。他以兇惡忿怒大力來降伏難化的眾生，代表斷除障惑，屬於金剛部。

　　這兩位童子，分別代表佛部與金剛部，一個顯現慈性，另一個則是顯現惡性。

三童子

　　還有三童子，是二童子再加上第三尊蓮花童子，蓮花童子屬於蓮花部，所以三童子共有佛部、金剛部、蓮花部等三部。

Acalanātha

不動明王

慈光童子

慧喜童子

阿耨達菩薩童子

指德菩薩童子

不動明王的眷屬：八大童子（一）（東寺不動明王圖像）

八大童子

　　此外，還有著名的八大童子，也包含二位童子。我們以下依「聖無動尊　字出生八大童子秘要法品」中所記載不動尊的八大童子的身形如下：

　　一、慈光童子：微怒、頭戴著天冠，身色為白黃色。右手拿五智杵，左手的蓮華上，則安置著月輪，身上則以袈裟與瓔珞為莊嚴。

　　二、慧喜童子：形像似慈悲的面貌，顯現微笑的相貌，身色如同蓮華，一般左手持著摩尼寶珠，右手持著三股鉤。

　　三、阿耨達菩薩童子：身形如梵天王，身體的顏色如真金，頂上戴著金翅鳥，左手拿蓮華，右手拿獨股杵，騎乘著龍王。

　　四、指德菩薩童子：身形如同夜叉，身色如同虛空，有三個眼睛，身上穿著甲冑，左手持輪，右手持有三叉鉾。

　　五、烏俱婆誐童子：頭戴五股佛的寶冠，現出暴惡的相貌，身體如金色，右手拿著縛日囉（金剛杵），左手做拳印。

　　六、清淨比丘童子：剃除頭髮，身上穿著法衣袈裟，在左肩打結並使其垂下，左手拿著梵夾，右手當心持著五股杵，露出右肩，腰纏著赤裳。面貌不年輕也沒有老態，眼睛如青蓮花，口中的上牙向下突出。

Acalanātha

不動明王

烏俱婆誐童子

清淨比丘童子

矜羯羅童子

制吒迦童子

不動明王的眷屬：八大童子（二）（東寺不動明王圖像）

七、矜羯羅童子。（前已解說）

八、制吒迦童子。（前已解說）

四十八使者

另外尚有不動四十八使者，則出自《勝軍不動明王四十八使者秘密成就儀軌》。

他們分別是：

一、俱哩迦羅龍王，為不動明王所變身。

二、健達藥叉王，為阿閦佛所變身。

三、尸棄大梵王，為華開佛所變身。

四、七天五母夜叉王，為西方阿彌陀佛所變身。

五、初禪若干大梵王，北方不空如來所變身。

六、二三四禪大明王，為普賢菩薩所變身。

七、三十三天各各天王，為文殊菩薩所變身。

八、阿迦尼多天王，為觀音菩薩所變身。

九、央俱將迦羅王，為彌勒菩薩所變身。

十、修羅金縛王，為呴樓孫佛所變身。

十一、大鉢沙羅王，為呴那含牟尼佛所變身。

十二、拔苦婆多羅王，為毘婆支佛所變身。

十三、多羅迦王，是發沙佛所變身。

十四、牛頭密咒王，是迦葉佛所變身。

十五、光火炎摩王，是觀音菩薩所變身。

Acalanātha

不動明王

不動明王法相（圖像卷）

Acalanātha

十六、天人散羅王，是毘沙門天所變身。

十七、神母大小諸王，是延命菩薩所變身。

十八、搥鐘迦羅大王，是准提觀音所變身。

十九、迦毘羅修法王，是千手觀音所變身。

二十、藥叉諸天王，是妙見菩薩所變身。

二十一、三界授天大王，為藥王菩薩所變身。

二十二、俱多遷化天王，為藥上菩薩所變身。

二十三、火羅諸天王，為地藏菩薩所變身。

二十四、皆攝持天王，為龍樹菩薩所變身。

二十五、金剛修羅王，為勢至菩薩所變身。

二十六、神王引攝大士王，為吉祥天女所變身。

二十七、二十八宿諸大王，為觀音所變身。

二十八、一切諸法受用王，為尾盧舍那所變身。

二十九、迦葉大咒大士王，為無盡意菩薩所變身。

三十、一一各有人士王，是妙音菩薩所變身。

三十一、護持諸法王，是陀羅尼菩薩所變身。

三十二、吽發多羅王，是虛空藏菩薩所變身。

三十三、蘇小拔苦王，是茶吉尼所變身。

三十四、急急大小神天王，是奉教宮所變身。

三十五、那縛迦羅王，是月天所變身。

三十六、悉底地大士王，是暗夜天所變身。

三十七、神王眷屬大智王，是焰魔羅王所變身。

Acalanātha

不動明王

不動明王法相

三十八、摩登迦羅天人王，是那羅延天所變身。

三十九、地受用大明王，是廣目天所變身。

四十、諸神皆得大王，是水天所變身。

四十一、　　　東西南北工，是辨才天所變身。

四十二、密咒受持王，是羅刹天所變身。

四十三、迦葉大王，是阿修羅王所變身。

四十四、沙羅仙大神王，是滿意天所變身。

四十五、莫咒大咒大明王，是大日所變身。

四十六、會集神王，是遍音天所變身。

四十七、太一德王，是普世天所變身。

四十八、一切諸神王，是火天所變身。

三十六童子

　　《聖不動經》有三十六童為其侍者的說法，這三十六童子為：矜迦羅、制吒迦、不動慧、光網勝、無垢光、計子儞、智慧幢、質多羅、召請光、不思議、囉多羅、波羅波羅、伊醯羅、師子光、師子慧、阿婆羅底、持堅婆、利車毗、法挾護、因陀羅、大光明、小光明、佛守護、法守護、僧守護、金剛護、虛空護、虛空藏、寶藏護、吉祥妙、戒光慧、妙空藏、普香主、善儞師、波利迦、烏婆計等三十六童子。

Acalanātha

不動明王

■ 曼荼羅

曼荼羅梵名 maṇḍala，一般而言，是指把佛菩薩的尊像及代表心要的梵文種子字、表示本誓的三昧耶形，及在各種因緣場域中的行動，用一定的方式加以配置排列，所顯現的圖樣。其意譯是壇場、中圍或壇城。

一般的曼荼羅在外相的表現上，主要有四種類型：

一、法曼荼羅：以排列配置，稱為法曼荼羅，也稱為種子曼荼羅。

二、三昧耶曼荼羅：這是以諸尊的本誓顯現所成的持物，以各種曼荼羅的方式，加以排列配置而出，稱為三昧耶曼荼羅。

三、大曼荼羅：將佛菩薩等諸尊形相，描繪所成的曼荼羅，稱為大曼荼羅。

四、羯摩曼荼羅：將佛菩薩諸尊的供養、救度等行動的形相，描繪所成的曼荼羅，稱為羯摩曼荼羅。

不動曼荼羅

02 不動曼荼羅

　　不動曼荼羅是密教以不動明王為中尊而建立的曼荼羅。它的畫法有以下列各種：

　　⑴依據《大日經》卷二〈息障品〉記載：「不動大力者，住本曼荼羅，行者或居中，而觀彼形像，頂戴三昧足，彼障當淨除。」另據《大日經疏》卷九所記述，不動明王的本曼荼羅即是三角曼荼羅，其中為黑色，持誦者觀想自身化作不動明王的形象。此作法具有二種意義：一是觀想不動尊在圓中，而踏於大自在天之上。二是觀想自身是不動尊，即以本真言印加於大自在天，而踏於其上。在三角中畫大自在天為障者之形，然後入於其中，以左腳踏大自在天頭頂，以大忿怒形踏之，將之應時退散離去。

　　此外，在《大日經供養持誦不同》卷七及《行林》卷五十根據此種說法，於半月的中央三角中畫不動明王，於其周圍畫虛空無垢金剛、金剛輪、金剛牙、蘇唎多（妙住）金剛、名稱金剛、大分金剛、金剛利（迅速）、寂然金剛、大金剛、青金剛、蓮華金剛、廣眼金剛、執妙金剛、金剛金剛、無住戲論金剛、虛空無邊遊步金剛等十六金剛。

　　⑵依據《聖無動尊安鎮家國等法》所畫的不動曼荼羅。即是在八輻金剛輪的中央畫二臂的不動尊，身長八指，其兩

Acalanātha

不動明王

不動曼荼羅

臂身為俱摩羅相，其身洪滿，身色如同金色，頭髮左垂，威容極為忿怒，右持智劍，左執羂索，坐於金盤石，火焰熾然，其焰多有伽樓羅狀。輪內八方各畫四臂的大嚴忿怒身，輪外八方畫二鈷金剛杵頭。

　　(3)在曼荼羅中央畫不動明王，右手執智劍，左手執羂索，坐於瑟瑟座上，其四方四角畫步擲明王、大咲明王、大輪明王、馬頭明王、無能勝明王、不動明王、大威德明王、降三世明王等八大明王的立像。

　　(4)曼荼羅中央畫不動明王，右手執智劍，左手執羂索，坐於八葉蓮華上，其四方畫不動明王的異像。日本東寺觀智院藏本不動曼荼羅所出的第一圖及第三圖即是。

　　(5)曼荼羅中央畫不動明王，右手持智劍，左手持羂索，坐於金盤石上，兩足下垂，其左右畫矜迦羅、制吒迦二童子，四方畫四天王。《覺禪鈔》所揭示的曼荼羅即是此圖。

　　(6)依據《底哩三昧耶不動尊威怒王使者念誦法》所畫的曼荼羅。其文記載：「中畫釋迦牟尼佛，左畫曼童子，右畫執金剛菩薩，作微笑面，手持金剛杵，於執金剛下畫不動尊，種種莊嚴。」又，此曼荼羅在《覺禪鈔》中稱作三尊像。

　　此外，十二天曼荼羅及十天曼荼羅等，皆於中央畫四臂的不動尊，所以也被稱為不動曼荼羅。

Acalanātha

不動明王

由於不動明王的誓願，他會生生世世擁護修行者

第三章　如何祈請不動明王

　　我們祈請不動明王的守護，持念不動明王的祕密咒語，了解不動明王的心意，不動明王必會生生世世加被擁護我們，永不相遠離。

01 祈請不動明王的守護

　　我們祈請不動明王的守護，很重要的是要了解不動明王的心意，尤其是不動明王他對一切眾生所發起的誓願，我們可深切體受其心意，而親切與不動明王相應。

不動明王的誓願

　　《勝軍不動軌》中記載著不動明王的本誓三昧耶：
　　一持秘密咒，生生而加護，隨逐不相離，必昇華藏界。
　　念念持明力，生生不忘失，現前二摩地，覺了如來藏。
　　它的白話語譯是：當我們持念不動明王的秘密咒語，不動明王必定會生生世世加被擁護我們，跟隨追逐著我們永不相遠離，我們必然在蓮華藏世界海圓滿成證佛陀。念念持明

Acalanātha

不動明王

不動明王能斷除我們的無始無明，依其誓願守護我們

的力量，讓我們生生世世永遠不會忘失，直至得到現前的三摩地，覺證了知如來藏的法界體性。

體解不動明王對我們深深的誓願，當我們持誦了這個三昧耶誓句，就受了不動明王的三昧耶。

此外，另一個不動明王的本誓三昧耶誓句：「

見我身者，得菩提心；聞我名者，斷惑修善；

聞我說者，得大智慧；知我心者，即身成佛；

理智法身，大日所變。不動明王，住智火中，

焚燒九十，六種邪見；斷除無始，無明惑業；

現二童子，上承佛敕，下化眾生，一時之後，

乃至成佛，還念本誓，不捨離身，生生加護。」

其白話語譯是：見到不動明王身，能夠獲得菩提心；聽聞我不動明王的名號者，能夠得到斷除疑惑修習善根；聽聞不動明王宣說法要者，能夠成證廣大的智慧；了知不動明王的心意者，能夠即身成就佛果。理、智、法身大日如來所變現而成；不動明王安住在熾燃的大智火燄中，能夠焚燒一切九十六種邪見，斷除無始無明的困惑業障。

不動明王會依其誓願守護眾生，而且，由於他的誓願威力，所以當不動明王示現的時候，我們整個身心法界都會感到全體震動，這是不動明王如實示現他對一切眾生的三昧耶戒。

Acalanātha

不動明王

不動明王法相（醍醐本　弘法大師御筆）

02 不動明王的靈驗事蹟

　　由於不動明王的誓願，他必依其誓願來守護行者，因此，也流傳著許多靈驗感應的事蹟。

　　在《智證大師傳》中記載著智證大師為不動明王守護的事蹟：

　　承和五年冬月，和尚早上坐禪於石龕之內，忽然有一位金人現形，他說：「你應當圖畫我的形像，慇懃歸仰。」

　　和尚問說：「化來人為誰？」

　　金人回答說：「我是金色不動明王。因為你愛念法器的緣故，時常擁護你。」

　　不動明王金身威光熾盛，手持著刀劍，兩足踏於虛空中。於是和尚頂禮，存著感恩的心意，即令畫工圖畫不動明王的像。

　　同書又記載：依山王入夢告知仁壽元年入於唐朝，仁壽三年八月十四日辰時，漂流至流球國中的啖人國，當時四方無風，不知所去之處，遙見數十人持著武器徘徊於岸上，於是和尚合掌閉目憶念祈願不動明王，一會兒承和五年所現的金色人露現立於舳上，當時船中數十人全部看見，一會兒之後，刮起風，忽然船快速的前進，十五日之後抵達。

Acalanātha

不動明王

不動明王法相

第四章　不動明王法

　　誠心專意修學不動明王法，能夠親切地與不動明王相應，獲得菩提心、斷除疑惑修學善報，成證廣大的智慧。

　　不動明王在密教中的地位極為重要，尤其在東密中更發展出許多修法。在密教經典中，有關不動明王修法的記載有很多種，以下所介紹的不動明王修法，是最基本、常見的不動明王法門。其中有「不動明王十四根本印」、「十九布字觀」及「十九種相觀」。此外，迄今日本仍常修持的護摩（火供）法，就是以不動明王為本尊的八千枚護摩供。

基本的觀修法

　　修習以下的不動明王法時，首先我們安身端坐，手結法界定印，專心誠意地作以下的觀想方法。

　　我們觀想虛空壇城上有一個　　（hūm）吽字，吽字化為磐座（不動尊的寶座），接著在寶座上又現有　　（hām）唅字，唅字化成猛利的智慧劍，此智劍再化成極大忿怒的聖者不動明王。（不動明王本尊觀的修法，可參閱第五章）

　　再來，我們手結如來拳印，加持七處，七處是指左膝、

Acalanātha

不動明王

不動明王法相（醍醐本　弘法大師御筆）

本尊壇前、右膝、心輪、額頭、喉輪、頂部。此時，我們可接著手結十四根本印契，並唱誦各十四根本手印的真言；或直接進入十九布字法的練習。

Acalanātha
不動明王

不動明王法相（醍醐本　弘法大師御筆）

01 不動明王十四根本印

　　不動明王十四根本印，主要來自《不動立印軌》、《不動使者法》、《底哩三昧耶經》等所說的不動明王十四印契。

　　這十四根本印是：一、根本印，二、寶山印，三、頭密印，四、眼密印，五、口密印，六、心密印，七、加持四處印，八、惡義波印，九、火焰印，十、火焰輪印，十一、商佉印，十二、不動渴誐印，十三、羂索印，十四、三股金剛印。

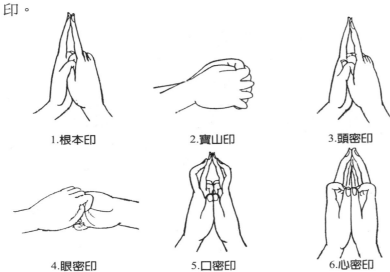

1.根本印　　　2.寶山印　　　3.頭密印

4.眼密印　　　5.口密印　　　6.心密印

Acalanātha

不動明王

不動明王法相（醍醐本　弘法大師御筆）

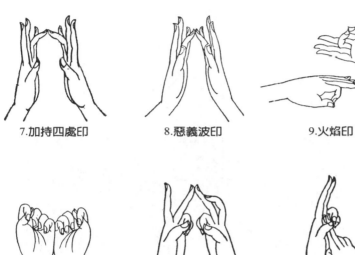

7.加持四處印　　8.惡義波印　　9.火焰印

10.火焰輪印　　11.商佉印　　12.不動渴誐印

13.羂索印　　14.三股金剛印

Acalanātha

不動明王

不動明王的十九布字觀

02 十九布字觀

「十九布字觀」是觀想十九種真言（咒語），將真言安置在自己身體的各個部位，讓自身成就為不動尊的觀想方法。十九布字觀的修法主要是依據《不動立印軌》、《底哩三昧耶經》的記載。

加持七處後，我們手結定印，眼開三分，開始練習，本尊觀。

我們先入於火生三昧中，自身成為不動尊，本尊與我們一體無二，同時我們開始十九布字觀想方法。

布字法是我們從頭至足，安布每一個種子字。在安布每一個種子字時，首先誦念真言，然後右手作如來拳印，將種子字安布在身上。

真言：南無薩婆怛他蘗帝毘藥（namaḥ sarvatathāgatebhyaḥ 歸命一切如來等）薩婆目契毘藥（sarvamukhebhyaḥ 種種巧妙門）薩婆他（sarvathā 一切皆）唵阿左攞贊拏（oṃ acala-caṇda khāṃ 歸命不動暴惡尊）

一、 （khāṃ）欠，安布於頂上，成就「頂相」。

二、 （khiṃ）企孕，安布於頭上成就「髮」。

三、 （khi）棄，安布於頭的左側，成就「一髮辮垂」。

Acalanātha

不動明王

不動明王的法相（醍醐本）

四、　 (hā) 憾，安布於額，成就「毫相」。

五、　 (phi) 呬，安布於兩耳，成就「金剛耳」，先右次左。

六、　 (tiāṭ) 怛羅吒，　 安布於右眼，　 安布於左眼。成就「眼相」。

七、　 (hūṃ) 吽，安布於兩鼻，成就「鼻相」。

八、　 (pho) 護，安布於口。

九、　 (haṁ) 憾，安布於舌端，成就「金剛舌」。

十、　 (mā) 莽，安布於兩肩。

十一、　 (maṁ) 輅，安布於喉。

十二、　 (taṁ) 瞻，安布於兩乳。

十三、　 (maṁ) 滿，安布於心。

十四、　 (ṭaṃ) 吒暗，安布於臍輪中，大空嚴飾。

十五、　 (ṭoṃ) 吒唵，安布於兩脇。

十六、　 (ṭa) 吒，安布於腰。

十七、　 (haḥ) 郝，安布於兩髀（大腿髀骨）。

十八、　 (haṃ) 憾，安布於兩膝。

十九、　 (hāṃ) 憾，安布於兩足。

我們以十九個所誦的種子字，安布於身上，自然成為不動明王尊。

Acalanātha
不動明王

- 頂上有七莎髻，表示轉為七覺分法入。
- 常住火生三昧，成就大智火。
- 觀想不動尊為大日如來的化身。
- 示現童子形，其身卑矮肥滿。
- 在真言中有阿、路、含、鍻四字，三世諸佛皆從此四祕密中，應現三身，而降魔成佛。
- 額上有皺紋形如水波，表示憶念六道眾生。
- 閉左一目、開右一目，代表掩蔽左道令入一乘。
- 頭左側垂下一辮髮，表示垂一子，觀眾生如獨子的慈悲。
- 下齒咬上右唇，下左唇向外翻出，代表以慈悲力令魔羅恐怖。
- 緘閉其口，代表口不談眾生的生死戲論。

不動明王的十九相觀（一）

03 十九相觀

不動明王的十九種相觀的修法，主要是依據《大日經》、《大日經疏》及《不動立印軌》等不動明王經軌會集而成，在淳祐的《要尊道場觀》、《覺禪鈔》、《百寶口鈔》等也都有記述。這十九相觀是完整的體現不動明王所作的觀想。

一、觀想不動尊為大日如來的化身，不動尊在實相花臺上，久已成佛。以其本願的緣故，成為如來的使者，執持各種度生的正務。

二、在真言中有阿（a）、路（ru）、含（haṃ）、鋡（māṃ）四字，表諸佛如來的四祕密，三世諸佛皆從此四祕密中，應現自性身、受用身、應身等三身，而在菩提樹下降魔成佛。這真言是寂滅定不動之義。

三、常住火生三昧，囕（raṃ）字火燒盡一切障礙，成就大智火。

四、示現童子形，其身卑矮肥滿，表示上承佛勅，而讓行者給使，下化眾生，攝持雜務之義。

五、頂上有七莎髻，表示轉為七覺分法。

六、頭左側垂下一辮髮，表示垂一子，觀眾生如獨子的慈悲。

Acalanātha

不動明王

- 色為醜青黑色，表調伏相。

- 右手執劍，代表殺害眾生的三毒煩惱。

- 變成俱力迦羅繞劍，表智龍火劍摧滅九十五種外道火。

- 坐在大磐石上，表示鎮壓眾生的重障，令不復動。

- 變作二童子供行人給使。

- 遍身迦樓羅炎，代表智火金翅鳥王噉食惡毒有情的龍子。

- 奮迅忿怒，表強盛威猛相。

- 左手持索，表示繫縛不降伏者。以銳利慧劍切斷惡業。

- 噉行者的殘食，表示噉盡眾生無明習氣。

不動明王的十九相觀（二）

　　七、額上有如水波形的皺紋。表示憂念六道眾生，所以隨趣多思想念。

　　八、閉左一目、開右一目，代表掩蔽左道令入一乘。左道者外道。

　　九、下齒咬上右唇，下左唇向外翻出，代表以慈悲力令魔羅恐怖。

　　十、緘閉其口，代表口不談眾生的生死戲論。

　　十一、右手執劍，代表殺害眾生現有的貪、瞋、癡三毒煩惱。

　　十二、左手持索，表示繫縛不降伏者。以銳利慧劍切斷惑業，引導他們圓成菩提。

　　十三、喫行者的殘食，表示噉盡眾生未來無明習氣。

　　十四、坐在大磐石上，表示鎮壓眾生的重障，令不復動，而使其成就淨菩提心，宛如妙高山王。

　　十五、色為醜青黑色，表調伏相。

　　十六、奮迅忿怒，表強盛威猛相。

　　十七、遍身迦樓羅炎，代表智火金翅鳥王噉食惡毒有情的龍子。

　　十八、變成俱力迦羅繞劍，表智龍火劍摧滅几十五種外道火。

　　十九、變作二童子供行人使役，其中之一是名矜迦羅：他是恭敬小心者，代表隨順正道者。另一是名制吒迦羅：他

七覺分　又稱為七覺支，為七種能助菩提智慧開展的法，七者為擇法、精進、喜、輕安、念、定、捨等七覺分。

Acalanātha

不動明王

不動明王三尊（醍醐本）

是難以共語的惡性者，代表不順從違道者。

Acalanātha

不動明王

不動明王三尊（醍醐本　良秀筆）

04 八千枚護摩供

　　八千枚護摩供是密教護摩法之一。是以不動明王為本尊，焚燒八千枚乳木修護摩的儀式。又稱八千枚護摩、燒八千供。現在仍為日本密教徒所奉行的火供法門之一。

　　在《金剛手光明灌頂經最勝立印聖無動尊大威怒王念誦儀軌法品》中記載無比力聖者無動心，能成辦一切事業的法門，菜食作念誦，數滿十萬遍，斷食一天一夜，設置大供養，作護摩事業，應以苦練木兩端搵酥燒，以八千枚為限。已完成初行滿，心所願求者，都可以得成就。

　　八千枚護摩的作法、前行、日數會依各流派的不同而略有差異。日本的松橋、三寶院兩派是以釋迦所化現的不動明王為本尊，這是因為釋尊於往昔過去生修行菩薩時，往來於娑婆世界有八千回，所以以釋迦不動為本尊，而木頭以八千枚為數。

　　前行的日數，原本為一百日，在百日內素食，近代省略為三七日。

　　即最初七日隨食，接下來的七日持午。

　　最後七日素食並持午，每日三時：八時、十二時、下午四時修持一般性的不動護摩法，誦十萬遍不動慈救呪。

　　最後一天斷食一天一夜，結願時，焚燒八千枚乳木。

持午　即持過午不食戒。佛法戒律以自晨至中午間為可以進食的時間，過中午後到次日早晨以前，皆不許進食，此戒稱為「非時食戒」。凡持此戒者，稱為持午。

Acalanātha

不動明王

不動明王三尊（醍醐本）

　　燒乳木時，由在旁助修的人，將八千枚乳木，每一百枚紮成一束，一束燒盡後再放下另一束。根據覺鑁《八千枚祕釋》記載，這八千枚的數表示八識中各有無數的煩惱，燒燬八千枚，是指斷盡八識的一切煩惱。

Acalanātha

不動明王

不動明王法相

第五章　不動明王的修持法

　　恆常修學不動明王的修持法，能夠獲得殊勝的功德利益，常時獲得不動明王的護佑。

　　不動明王的修持法，主要是不動明王本尊觀的觀想方法，本章所介紹的不動明王修持法，是一套次第完整的修法，內容依據、參考自《底哩三昧耶不動尊聖念誦祕密法》、《金剛手光明灌頂經嚴勝立印聖無動尊大威怒王念誦儀軌法品》、《勝軍不動軌》、《聖無動尊安鎮家國等法》、《佛說俱利伽羅大龍勝外道伏陀羅尼經》等不動明王相關經典，及部份文字內容參考本社出版「心靈活泉」系列洪啟嵩先生著作的「不動明王」，希望能幫助讀者，迅速趨入不動明王的世界。

　　本修法的次第，從皈依發心、觀想自生本尊觀、供養、觀想法爾本尊、供養法爾不動明王、相互融攝、五方佛灌頂、持誦不動明王的密咒、懺悔、迴向。在整套修法中，得到不動明王的加持與守護，甚至自身即為不動明王，行持不動明王所作之事。

Acalanātha

不動明王

不動明王三尊（醍醐本）

修法次第簡介

1.**皈依發心**：首先皈依三寶，發起無上菩提心，發起如同不動明王的殊勝心願，無礙的踏上菩提之路。

2.**觀想自生本尊觀**：修持本尊不動明王的觀想方法，從觀空、生起次第清楚地觀想不動明王本尊。

3.**供養**：當我們自生本尊觀想清楚時，即要供養自生本尊不動明王。

4.**觀想法爾本尊不動明王**：迎請法爾不動明王聖尊，安坐在我們頂上，並且深刻了解不動明王的三昧耶誓句。

5.**供養法爾不動明王**：當我們觀想清楚法爾本尊不動明王後，即要供養此法爾不動明王。

6.**相互融攝**：這是「入我我入」的修持，讓自生本尊與法爾本尊相互融攝，我們變成無二本然的不動明王，即不動明王本尊觀成就。

7.**五方佛灌頂**：這主要是要再鞏固我們的本尊觀。

8.**持誦不動明王的密咒**：念誦不動明王的真言。

9.**懺悔**：誦百字明咒懺悔修法疏漏之處。

10.**迴向**：圓滿不動明王的修法。

了解本法的次第後，開始練習修持。

Acalanātha

不動明王

不動明王法相（醍醐本　圓心筆）

01 皈依、發心

皈依三寶

　　我們修學不動明王，首先皈依佛、法、僧三寶，一心不退。

發四無量心──無上菩提心

　　然後發起慈、悲、喜、捨四無量心，四種廣大的利他心。為了令無量眾生遠離痛苦獲得喜樂，而生起的慈、悲、喜、捨四種心，或進入慈、悲、喜、捨四種禪觀。「慈」是慈愛之心；「悲」是憫憐、拔除他人的受苦；「喜」是喜悅他人享有幸福；「捨」是捨棄一切冤親的差別相，而平等親愛。以大悲心發起廣大誓願，安住於無上菩提心永不退轉。

　　一切殊勝的本尊法成就，都是來自於體悟本尊的發心──無上菩提心；假若不能了悟諸佛的大悲願海，是不能獲得修持本尊觀的圓滿成就；至於在身、語、意的三密相應上，若是沒有具足廣大的願力，就不能具足如同所修學的本尊一樣的發心。

　　所以，我們先把不動明王所具足的願心研究清楚，他是如何發起大慈大悲心及其本願力。他如何來完成其願力？他

Acalanātha

不動明王

不動明王法相（醍醐本　圓心筆）

有何種特性？要如何發心才能夠成就？才能夠救度何種眾
生？這些都要明白清楚。清楚了這些以後，由於我們的發
心，從此就能無礙地踏上菩提的道路。

　　依此發心，我們的發心如同不動明王一樣，不動明王會
自然與我們相應，我們的心即是不動明王的家，不動明王便
安住在我們的心中。

Acalanātha

不動明王

1.觀空，從空性中出生蓮花

2.蓮花上現出月輪

3.月輪上現唅字

4.唅字化成火焰，火焰燃盡

觀想自生本尊（一）

02 觀想自生本尊

觀想自生本尊是要建立在空性的基礎上，了悟法界皈依發心後，我們觀想自生本尊。

1.觀空

現前即是空，了悟一切法界、境界如幻。

如果我們無法如此現前體悟，則觀空誦念觀空咒。

接著我們在這大空的體性中，開始觀想不動明王尊。

2.生起次第

我們觀想從心輪的中臺八葉蓮花中，現出一輪皎潔的月輪。

觀想在月輪中顯現出不動明王的種子字唅（hāṃ）𑖮字。

唅 𑖮 字具足大風、大力，能夠降伏一切。摧毀破壞一切怨敵與任何魔障，以及眾生煩惱眾惡業。降伏一切而安住於大空之中。

然後，熾熱的火焰猛烈燒起，以清淨之心安住在火生三摩地（火生三昧）中。

接著觀想唅字化現為劍。附帶一提的是有些修法是觀想

Acalanātha

不動明王

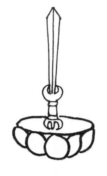

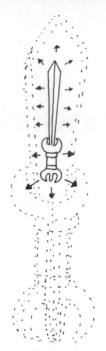

5.觀想啥字化現為劍

6.劍的廣觀修法

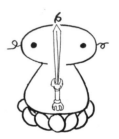

7.劍的歛觀修法

8.智慧劍回復到等身大

觀想自生本尊（二）

化現為龍。所以，在這樣的觀修中，我們也可以觀想劍上有龍紋；它的劍柄是蓮花柄，是屬於智劍。

當我們將劍觀想清楚時，接著練習劍的廣觀與斂觀。

廣觀與斂觀的練習

現在，我們觀想劍開始變大，它慢慢變大，從一倍、二倍、十倍、一百倍、一千倍大、一億倍大，一直變大到無量無量倍大，遍法界大，這是廣觀的練習。

然後，接著是斂觀。觀想此劍開始變小，從遍法界大再縮小、到像芥子那麼小，再縮小至髮梢一般小，縮小至盡我們所能想像的最小。

然後再慢慢回復到如同自己的身體一樣的尺寸，再進行下一步驟的觀想。

觀想不動明王尊

等同身體大小的智慧劍，彈指間化現成青黑色不動明王。可觀想成立姿或坐姿。

不動明王在外相上，顯現最威猛大力的忿怒相，而其內在，其實蘊藏著廣大的慈悲心。經典中說：不動明王乘如來極忿怒的勅命，要斷除一切眾生的性命，斬除眾生三毒之命，始證得法身。

不動明王的眼睛為紅色，左眼斜視，口出利牙大暴惡，左邊頭髮垂下來，他右手舉著智慧劍，有時這智慧劍化成大龍，而大龍吞噉一切罪障、惡魔。這智慧劍的甚深般若代表

Acalanātha

不動明王

觀想自生本尊（三）：智慧劍現成不動明王

勝義菩提心慧刀，有時稱為執慧刀。

　　不動明王左手拿不空羂索，不空羂索是表示索縛一切的惡魔，它與龍宮有關，是屬於龍王的寶物。

　　他穿著青色妙衣，示現童子相。安坐在赤黃色的寶盤山。遍身焰火，安住在火生三昧中。

　　觀想清楚不動明王的形象之後，再續下個步驟：供養自生本尊。

Acalanātha

不動明王

1.外層供養：於頂上雙手合掌，念供養咒，觀想法界一切供養。

2.外層供養：放掌時由頭的兩側放下，收回心輪。

03 供養

　　我們將所備具的供品，如力供養自生本尊。其實我們供養諸佛菩薩，除了隨力供養世間的供品外，另外還有更為殊妙的供養，可分為外層、內層、密層、祕密層的四層供養。

外層供養

　　外層供養是我們念誦供養咒的供養。

　　我們雙手合掌放於頭頂上，念誦供養咒：「嗡嗡嗡嗡嗡嗡嗡……」（二十一遍），在自心中觀想我們所供奉的供品變成無量的供品，將法界一切全部都供養不動明王。

內層供養

　　內層供養是將我們自己的身體、語言、心意全部獻供給不動明王尊。

密層供養

　　密層供養是供養殊勝的大悲與智慧的甘露，心中現起不動明王尊大悲空智乳我們全部都供養。

法性供養

　　法性供養是直接以圓頓法界的體性來供養。

Acalanātha

不動明王

1. 自觀頂輪白色透明的嗡字，喉輪
紅色的阿字，心輪藍色的吽字，
放射出無量無邊的光明。

2. 此嗡、阿、吽三色的無量無邊光明，
迎請法爾的不動尊，安住於我們的頂上。

觀想法爾本尊

04 觀想法爾本尊不動明王

　　在供養完之後，迎請法爾不動明王尊，來安坐在我們自己的頭頂上。

　　我們觀想自身頂輪中有白色透明的嗡 **ॐ** 字，在喉輪中間有紅色的阿 **अ** 字，在心輪中有藍色的吽 **हूं** 字，我們可觀想嗡、阿、吽是梵字或藏文，都觀想不出來，觀想中文亦可。嗡、阿、吽三字各放射出無量無邊白、紅、藍色的光明，遍照於法界。

　　以此無量無邊的光明迎請法爾、法界本體的不動尊，來安住於我們的頂上，如實莊嚴地示現究竟的境界。

　　我們如實地觀想法爾不動尊，當不動明王示現的時候，我們的身心會產生很殊勝的覺受，由於不動明王的威力很強大，所以我們整個身心法界都會感到震動。

　　不動明王會如實地示現，也是因為他對一切眾生的三昧耶戒，因此，我們修學不動明王，也要深入了解不動明王的三昧耶誓句。

　　在《勝軍不動軌》如此記載著不動明王的三昧耶誓句：

　　一持秘密咒，生生而加護，隨逐不相離，必昇華藏界。
　　念念持明力，生生不忘失，現前三摩地，覺了如來藏。
　　它的意思是：當我們一持誦不動明王的祕密咒語，不動

Acalanātha

不動明王

不動明王法相（醍醐本）

明王生生世世都會加以擁護我們，隨逐我們不相遠離，直到
我們在蓮華藏世界海圓滿成佛。念念持明的力量，生生世世
永遠不會忘失，得到現前的三摩地，覺了如來藏法界體性。

　　這是不動明王的三昧耶誓句，如果我們持誦了不動明王
的三昧耶誓句，就接受了不動明王的三昧耶。

Acalanātha

不動明王

供養法爾不動明王

05 供養法爾不動明王

我們供養法爾本然的不動明王。

普供（廣大不空摩尼供）

唵（Oṁ）阿慕迦　布惹（amogha-puja）摩尼　跋納摩（mani-padma）縛日隸（vajre）怛他各多（tathāgata）尾路枳帝（vilokite）三滿多（samnnta）缽羅薩羅（prasara）吽（hūṃ）

這廣大不空摩尼供的意思即是：皈命不空供養寶珠蓮，「阿慕迦」是不空；「唵」是皈命；「布惹」是供養；「摩尼」是寶珠，「跋納摩」是蓮花。

以下白話語譯來自洪啟嵩居士依梵文所造的中文意譯偈頌，讀者若不熟悉咒語，亦可直接念誦此偈，而由心中觀想供養。

皈命不空供養寶珠蓮　　廣大金剛如來觀普界
無量無邊微塵廣大數　　供養雲海法爾自流出
法界道場普遍諸海會　　一切聖眾無盡皆供養
特別不動明王伏魔尊　　法爾成佛無盡遍法界
濟度眾生永無間斷時　　無量威力自在賜行者
二利行願圓滿大成就　　眾生全佛究竟大供養

接著，再如同前面的四層供養的步驟，再作一次四層供養。

Acalanātha

不動明王

相互融攝：我們與不動明王相互融攝

06 相互融攝

　　我們供養法爾本尊之後，接著練習相互融攝的修法，也就是「入我我入」的修法。

　　般若法身的不動明王入於我們的三昧耶身，我們的三昧耶身入於不動明王般若法身，二者變成一合相，兩個互相融合。

　　在這入我我入的過程中，不動明王進入我們的身體、語言、心意，我們進入不動明王身體、語言、心意，我們的身、語、意與他的身、語、意相入相合。

　　現在我們與不動明王的心、他的智慧完全相合。這時，突然發現：原來我們就是本然法爾不二的不動尊。

　　就在這樣的體悟中，我們念誦四攝咒：「惹、吽、鑁、霍」。這四攝咒的意義是我們與不動明王相互勾召、攝入、融攝，而融合成為一體。四攝咒是四攝菩薩的咒語，也代表四大名相攝。

　　現在我們變成無二本然的不動明王，已經觀想成就不動明王。

Acalanātha

不動明王

五方佛灌頂

07 五方佛灌頂

　　接著我們修習五方佛灌頂。修學五方佛灌頂，最主要是能夠鞏固我們即是不動明王體性的方法。

　　我們觀想五方佛，五方佛中央為毘盧遮那佛、東方為不動佛、南方為寶生佛，西方為阿彌陀佛，北方為不空成就如來，五尊如來安住在我們頂上，給我們五種智水的灌頂加持，圓滿成就法爾大光明王——不動明王尊。凡是觸及這光明火燄的眾生，全部皆被調伏。

Acalanātha

不動明王

不動明王法相（醍醐本）

08 持誦不動明王的密咒

　　我們念誦不動明王的兩個真言：一個是「成辦諸事真言」，另一個真言則是：「慈救咒」。

　　成辦諸事真言也稱施殘食咒，這是因為不動明王吃食我們所吃剩下的飯菜，所以當我們每在吃飯後念此咒語，將殘食來供養他，他會擁護我們。

1.成辦諸事真言（施殘食咒）

（梵文咒字）

　　曩無　三曼多縛日羅報　怛羅吒　阿謨伽　戰拏　摩賀
路灑拏　娑頗吒野　吽　怛羅麼野　吽　怛羅吒　唅鈐

　　mamaḥ　samanta　vajrānāṁ　traṭ　amoghacaṇḍa　mahā
-roṣaṇa　sphaṭaya　hūṁ　tramaya　hūṁ　traṭ　hāṁ māṁ

　　皈命　普遍金剛　殘害破障　不空暴惡　大忿怒　破壞
恐怖　堅固　（種子字）

　　一般持成辦諸事真言即是持誦此咒，我們修法時，在持誦五方佛的咒語之後，也要持誦這個咒語。

2.慈救咒

（梵文咒字）

Acalanātha

不動明王

不動明王法相（醍醐本）

Acalanātha

南麼　三曼多縛日羅赧　戰拏　麼訶路灑拏　薩頗吒也
吽　怛羅迦　唅　慢

namaḥ　samanta-vajrānām　caṇḍa　mahā-roṣaṇa
sphaṭaya　hūm　traka　hāṁ māṁ

皈命　普遍金剛　暴惡大忿怒　破壞　恐怖堅固　種子

　　以上兩個咒語，我們可以經常持誦。我們亦可選擇其中
一個咒語經常持誦，能夠恆常獲得不動明王的護佑，得到很
大的利益功德。

Acalanātha

不動明王

不動明王法相（醍醐本）

09 懺悔

　　我們唸誦〈百字明〉懺悔。念誦〈百字明〉是以彌補懺悔我們在修法過程中的任何缺失，修學者可選擇梵文或藏文發音，如果二者都不熟悉，亦可直接念誦中文的白話意譯。

1.梵文百字明

唵　跋折囉　薩埵三摩耶　麼奴波邏耶

oṃ vajra- sattva-samaya　mānu pālaya

跋折囉薩埵哆吠奴烏播　底瑟吒涅哩茶烏　銘婆縛

vajra-sattvanopa　tiṣṭha dṛḍho me bhava

素覩沙榆　銘婆縛

sutoṣyo me bhava

阿努囉訖覩　婆銘縛　素補使榆　銘婆縛

anurakto me bhava supoṣya me bhava

薩婆悉地　含銘般囉野綷　薩婆羯磨素遮銘

sarva-siddhim me prayaccha sarva-karmasu ca me

質多失唎耶　句嚕吽　呵呵呵呵　護

citta śiyaḥ　kuru hūṃ　ha ha ha ha hoḥ

薄伽梵　薩婆　怛他揭多　跋折囉麼迷悶遮

bhagavaṃ　sarva　tathāgata　vajra mā me muñca

跋折哩婆哇　摩訶三摩耶薩埵　阿

Acalanātha

不動明王

不動明王二臂坐像（東寺本）

vajribhava mahā-samaya-sattva aḥ

2.藏文百字明

嗡　　　　　　　　班雜爾薩埵　　薩馬亞　　馬努巴拉亞
（最崇高之讚嘆語）金剛薩埵戒誓、戒定慧的三昧耶誓句

班雜爾薩埵得努巴　　　　地踏地都美巴哇
金剛薩埵請賜與護佑　　　　永遠與我在一起

蘇朵卡約媚巴哇　　　　蘇波卡約媚巴哇
讓我一切願滿　　　　心中多生起善念

阿奴若埵媚巴哇　　　薩爾哇　　悉地　　美炸亞擦
請慈悲加持我　　　賜予所有（世間及出世間）的成就

薩爾哇嘎爾瑪　蘇雜美　只但　歇銳亞　古魯　吽
　以及完成一切事業　　讓我的心生善念

哈　哈　哈　哈
（代表四無量心、四灌、四樂、四身）

賀
（「賀」是快樂時所發出之聲——以上之四樂）

班嘎文　　薩爾哇答踏嘎答　　班雜馬妹悶雜
婆伽梵　　一切如來　　金剛薩埵阿　請不要遺棄我

班基利　巴哇　　瑪哈　薩瑪亞　　薩多
請加持我成為金剛持有者　　大三昧耶之有情

　　　阿
（代表融於非對待之空性境界）

Acalanātha

不動明王

不動明王法相

10 迴向

　　最後，我們將修持不動明王法的功德，悉皆迴向一切六道眾生，圓滿成就佛道。並祈願我們現在所安住的世間，一切地、水、火、風的災難，皆能消除；消弭戰爭，宇宙和平；乃至我們個人修行以及世、出世間的一切困難、障礙悉皆平息；身心安樂，諸事順遂，最終成就無上佛道。

　　南無不動明王！

　　吉祥圓滿！

Acalanātha

不動明王

①薄伽梵：（Bhagavat）譯作佛、世尊。

②大日世尊：即真言密教的根本教主大日如來。

③慳法：慳悋之意，即吝惜財寶、法門而不施予。

④除對治：即除退、對治慳貪等致生障礙之因，如此即是正念淨菩提。

⑤分別心：即作種種推斷、度量。

⑥思：指思惑，是諸障礙之因。

⑦無動聖者：即不動明王。

不動明王法相

第六章　不動明王的重要經典

01 《底哩三昧耶不動尊聖者念誦祕密法》卷上

大興善寺三藏沙門不空奉　詔譯

底哩三昧耶不動明王本事神力息障祕要品第一

　　我薄伽梵❶大日世尊❷，復爲修眞言者説除障之因。一切障法雖有無量，以要言之，但從心生；又由行者過去世隨順慳法❸故，今世多有諸障，當知亦是從心因緣生也。當知彼慳貪等是諸障之因，若能除彼因障，諸障自息；若能除對治❹，即淨菩提心也；若念菩提心故，即是能除障之因。

　　又一切諸障，由分別心❺生，心思❻有者，即是障，謂心中煩惱、隨煩惱等，若離諸分別，即是淨菩提心。

　　由眞言行者憶念此心，即離一切諸過。意常思惟無動聖者❼，即能除一切爲障者。如前所説，無動明

Acalanātha

不動明王

①無相：不具形相之意。密教認為法身遍滿十方三世，是絕對身，因此稱為無相法身。另，不動明王是由無相法身中所分出的有相身。有相身，即具有形相之身。

②事：指以無相身示現如來使者形相。

③閉一目：指不動明王之張右眼斜視，閉左眼。

④水障法：以下說止息水的障礙之法。

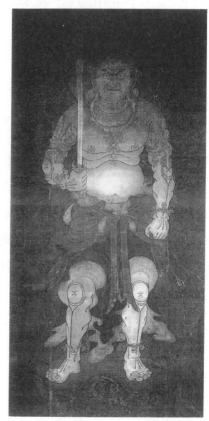

不動明王法相（東寺本）

王此是如來法身，以大願故，無相相中❶而現是相，護一切真言行者，若能常念，能離一切障也。

所謂無動者，即是真淨菩提之心。為表是義故，因事❷立名。此明王閉一目❸者，亦有深意也，以佛明鑒唯一，無二、無三。其印下自當說之。

祕密主，一切惡風，當誦阿字，亦有深意。正取阿字為身，以此本無生之字門，而作我身也。無我作詞字，心誦，塗香、點地作七圓點。

此風先想詞字，在中加七點而好蓋之，方依縛庚以瓦椀蓋合之，此瓦椀大，眾生彌盧思念。時時彼上想阿字并點，作是風大縛，繼先佛所說，謂造立壇時，或有大風為障，以露地立故，當須止之。當想此阿字遍於身分之內，此字作金剛不動色，謂真金色也。如是想已，又心誦阿字，於風方西北方也用塗香，於地畫作一小圓點各如彈丸許大，如數足，即用瓦椀蓋之。於瓦器上想阿字，以此字為金剛山而鎮押之，三千大千諸須彌山合為一體，而蓋其上。

又當時時器上作阿字想，此阿是金剛不動義，加一點是遍一切處，今此金剛不動遍一切處，即是增廣之義也。

祕密主，水障法❹者，當思囉字遍於身，內作赤色大力焰，即是火焰之鬘，從內而出，遍於身上如鬘

Acalanātha

不動明王

①金剛橛：立於修法檀四方的柱子。

②佉陀羅木：即紫檀木。

③金剛真言：即成辦諸事的真言。

④黑色：指三角曼荼羅中之青黑色不動尊。

⑤圓壇：即方形、圓形、三角形等種種曼荼羅。

不動明王

也，作大力可畏惡形，手執大刀印作瞋形已，畫地作
雲像，或作龍蛇之像，用刀印斬斷其形雲即散滅。以
雲是諸水之所因依故也，隨所起障之方而作之，如雨
從東來，即於東方作也。或作金剛橛❶用此止其風，
其橛用佉陀羅木❷作獨股金剛杵，以金剛眞言❸加持
之。想同一切金剛而以打之，亦隨所在方便也。此應
自身同於一切金剛然後作之，此橛是三股金剛除去邊
支，即成獨股金剛。其最小者名金剛針，息除一切障
難。

　　復說大威德忿怒不動大力眞言法。於本曼荼羅中
作住，持誦者於曼荼羅中畫作彼形像，左腳蹹彼頂上
當除息，死無疑。復更明異方便除一切障也，即前所
說不動明王本曼荼羅，即是三角曼荼羅其中黑色❹是
也，持誦者自想己身作不動尊明王之像。

　　又於此中作法有二意。一者想不動尊在圓壇❺
中，而蹹彼上也。二者想自身不動尊，即以本眞言印
而蹹上也，三角中畫彼爲障者形。然後入中以左腳蹹
彼頂上，以大忿怒形加之，彼當應時退散。若彼違戾
此教者，主必自斷其命根，是故持誦者，當生慈心念
言勿令彼斷命也。然此中密意，不動謂爲障者，即是
從心所生慳貪等法，能爲行人作一切障事。今此無動
明王即是一切智智大菩提心，當知此即是大力威猛，

Acalanātha

不動明王

●瑜伽：此處或指金剛頂十八會，初會四大品中第二降三世品。然該品所說
　　為降三世明王降伏摩醯首羅天之障害。

●摩醯首羅：指居於色界頂上的大自在天。

●受觸金剛：即烏蒭沙摩明王（Ucchesma）。

不動明王

能永害一切隨眠等過，令彼永斷，即是死義也。

如瑜伽❶會中佛初成正覺，大集會中一切曼荼羅所攝三界之眾。有摩醯首羅❷者，即是三千世界之主，住三千界之中，心慢故，不肯從所召命而作是念，是三界之主，更有誰尊而召我耶。復作是念。彼持明者畏一切穢惡，我今化作一切穢污之物，四面圍繞而住其中。彼所施明術何所能為，時無動明王承佛教命召彼天，見其作如此事，即化受觸金剛❸即是不淨金剛令彼取之。

爾時不淨金剛。須臾悉噉所有諸穢令盡無餘，便執彼來至於佛所。彼復言：「爾等是夜叉之類，而我是諸天之主，何能受爾所召命耶，尋即逃歸。」如是七遍。

爾時無動明王白佛言：「世尊，此有情故犯三世諸佛三昧耶法，當何事治之？」

佛言：「即當斷彼也。」

時不動明王即持彼，以左足蹈其頂半月中，右足蹈其妃首半月上。爾時大自在天尋即命終，於爾時悶絕之中證無量法，而得授記生於灰欲世界，作佛號日月勝如來，此皆祕密也。食一切穢惡污，是噉惡業煩惱等垢穢滓濁，謂之為法本命終者。是彼一切心法，永斷入無生法性故，於此中得一切佛記，非是殺也。

Acalanātha

不動明王

●無明住地：一切煩惱所依處之意。

不動明王

爾時諸天等，見三千界天王，以不順諸佛三昧耶故，自取命終，一切敬畏自相謂言，天主尚爾，我云何不往，即共來詣佛所，於大曼荼羅中而得法利。

時無動明王白佛言：「此大自在天，當更云何？」

佛言：「汝應甦之，時無動明王，即說法界生眞言。」

爾時大自在者，即復蘇息生大歡喜。白佛言：「甚希有也，我初召至已向佛故。此夜叉是何等類。我所不解。

佛言：「是諸佛之主，我作是念；諸佛一切之尊，云何以此而更爲主也，是所不解。今乃知之此大王力故，令我現前得記作佛，當知實是諸佛之尊也，祕密主大自在天三千世界之主，即是眾生自心。所謂無明住地❶於諸惑中得自在，唯除大菩提心無能伏者，斷其命已，即於寂然世界作證，所謂生者即是起諸慧門，是故眞言行者，應一一思順諸佛密語也。

「又法，用芥子及諸毒藥，二種相和作彼爲障者形像，而用塗之，令彼身如火燒，速被中傷故云速被著也，乃至大梵等爲障，尚被能著，何況餘耶。

「又凡此法皆是久時持誦大成就解法者，乃能作之，若但聞法，即求得如是用無此理也。其伕陀羅木

Acalanātha

不動明王

●賓鐵：即鍊鐵。

不動明王二臂立像（東寺本）

橛，若無此當用苦練木，乃至用賓鐵❶亦得，事知之
也。」

時金剛手白佛言：「如我知佛世尊所説義，我亦
是知曼荼羅位住，世尊尊主現威令住彼位，如是如來
教勅不敢隱蔽，何以故？此佛三昧耶一切諸眞言所
師，謂性住者。」

金剛手白佛言：「此大無動明王即是尊主，能作如
是威猛之事，能調難調，爲傳如是祕密之教令使，如
本尊是佛部，即金輪中若如是作必有靈驗。此之現威
即效驗之語也，令修行者若如是作必令有效，諸生死
中普得聞知，不敢隱蔽此之眞言主。是故持金剛者，
大威猛所不敢隱蔽，謂此尊有靈驗故，所作善事皆
成，諸爲障者，不敢隱蔽如來所教勅也。此即是十方
三世諸佛三昧耶。

我等一切執金剛亦應作此法，所應作者隨此三昧
耶不敢失墜，何以故？此即是諸執金剛性，是故當住
斯法，如四姓等各各有家法，若失家法則不名敬順先
祖父之教，世人名爲惡子，今此大雄猛調伏難調，宣
布難信之教，是我金剛等家姓之法，所謂如來種姓之
家也。

是等眞言門修行諸菩薩等，於本中住，一切事業
作者，是金剛手以身勸懃而行之言，我等所應作事

Acalanātha

不動明王

●形色：即形色及顯色。形色指諸尊的形相，顯色指本尊的色相。

赤色不動明王

Acalanātha

業，亦復如是。若未來世持眞言者，亦當住此位。所謂如來家法，應以無量門降伏諸障，令如來法無敢隱蔽也。

此眞言行人亦於諸尊若欲作降伏，即須自身作無動尊住於火輪中，亦名火生三昧也。

祕密主，若諸彩色畫曼荼羅中諸尊色，先佛說者謂本尊各有形色●，下當更說之。

如上說隨本位住而作事業，謂於會中所有諸尊，若見其黃色即應坐金剛中，白色即坐水輪中，赤色即坐火輪中，黑色坐風輪中。次，下有色字梵音別名，此是形相也。如是寂然即須坐圓壇等類，應一一依教而畫。是故諸佛所說，其道玄同，非我故說欲令眾生起決定信也。

祕密主，未來世當有眾生劣慧不信聞此法，以先無信根故，聞此而不能信，以此眾生等鈍根、少智信不具故，聞此甚深之事不能曉了，更增疑網。此即說爲障所由也。

如是眞畫色及持誦等，一一皆有深意，畫是如來不思議事，如此畫色等皆依法不疑，乃能深入法界不思議，唯信者得入。

若欲以心數下量，云何得知所以而不疑耶？謂非如來眞空無相之法，從自傷也。此色字亦云通達是正

Acalanātha

不動明王

① 寂滅道場：指坐於菩提樹下，金剛座上。

② 四祕密：又作四意趣，佛說法有四意趣：一、平等意趣，二、別時意趣，
　 三、別義意趣，四、補特伽羅意樂意趣。

③ 差別智身：指大日如來為教化眾生而示現之種種不同智身。

不動明王法相（別尊雜記）

義，謂異方便無事不解之義已。彼先此一切說梵音迴
互。上文已明諸佛，今此下句云先佛，作如是說已。

　　彼此一切說利益，求者彼凡夫不知，說法相空，
一切諸法相說常，當住眞言業，作善無疑者。此意
言，如來具一切智，於諸法中而得自在，以眾生劣慧
未堪頓說如來自證不思議力用故，作此畫色等方便，
令諸眾生隨所作者能滿所求而得利益。

　　所以然者，以諸眾生未解諸法空相，是故於無相
中，而作有相方便說之。若人得佛深意者，當住眞常
之行，諸有所作皆入理體，同於一切智智之心，如是
無疑慮者，一切障法無得其便。」

　　次，復說法界生眞言曰：「曩麼三曼多沒陀南一
達磨馱睹二　薩嚩二合婆嚩二合　句痕」

　　祕密曰：「不動者，是菩提心，大寂定義也。我
薄伽梵大日世尊，從最初正覺坐寂滅道場❶，以大願
故證三世諸佛應正等覺，皆從四祕密❷三菩提起，應
現三身成等正覺。如來成道時，先坐寶菩提樹降魔成
道者，即是大寂定不動菩提本。因三世諸佛皆幻化
義，現種種身雲，教化調伏諸眾生故，因事立號號不
動尊。又明尊義也，即是大日世尊差別智身❸，以大
願故，於無相中而現作相。

　　閉一目有深意，示現極惡醜弊身也，唯佛世尊廣

Acalanātha

不動明王

❶七種髮：印度的奴隸作此髮形。不動明王化成奴隸，以教化眾生。

❷灌頂位：指繼承阿闍梨所傳授之法。

❸盤石：即不動明王寶座，比喻淨菩提心的堅固不動。

❹九十五種外道：印度外道的總稱，其中事火外道指信奉火天的外道。

不動明王法相（別尊雜記）

Acalanātha

大圓滿眾相具足，我下劣卑弊之身，亦是怖魔之義。頭上七種髮❶表七菩提分；左垂一髮向下者，是垂慈悲之義，悲念下惡極苦惱眾生也。

云無動使者，即大日如來。如世間王勅教命，令使一人火急追役使人至已，上至王公下及凡庶，無問貴賤更不敢拒逆，皆隨使往至彼王所。無問善惡，一依教命。無動使義亦復如是，能令眞言行者，親見佛故，發廣大心，灌頂位❷中爲佛長子。

佛使願淨佛國土遊戲神通，右手執劍者，如世間征戰防禦，亦皆執利器然始得勝，菩薩亦爾。左手執索者，是繫縛之義，又如世間密捉一人，如有違逆難伏者，即以繩繫捉將，諸佛祕索降伏四魔亦復如是。

坐盤石上者，亦是不動之義。如世山岳，亦以石鎮押方始不動。又如大海亦以須彌山鎮押，然始得常安湛然圓滿。不動亦爾，其大石性能出生一切寶物；無動坐大盤石❸者，亦能出生佛功德寶，亦是降伏四魔義。不動亦自身遍出火焰光，即是本尊自住火生三昧。

又明火有四義：二種世間二種出世間世間火者，一是內火，三毒煩惱名之爲火，能燒諸眾生諸善功德故。二外火，能成就眾生長養萬物，出世間火者是大智火也，如九十五種外道❹法中事火爲最，如大火龍

Acalanātha

不動明王

●結界：指限定一定的場所，防止惡魔入侵。密教所稱的大結界，是限定廣
大範圍作為清淨區域。中結界，即結護修法道場。小結界，只在修法壇四
周結護。

不動明王法相（別尊雜記）

變出世火，燒損眾生亦能焚燒眾物此無動智火。先能
降伏火龍制諸異道，上至等覺下至眾生，皆能燒諸煩
惱，乃至菩提大智習氣；亦燒一切眾生無明煩惱、黑
闇障故。又本尊真言句自有火生義，即摩賀盧沙句
是，此智火住阿字一切智門，重重燒諸菩薩廣大習氣
煩惱，令盡無餘故名火生三昧。

又無動義者，執持利劍能斷壞生死業愛煩惱故，
降伏三世貪瞋癡我慢煩惱故，喫殘食者，噉一切眾生
惡業煩惱重障令盡無餘，證無生法忍故，三降未來
世，斷無明煩惱習氣見障故，執金剛索引至大菩提路
住佛解脫門，紹隆三寶種位不斷故，名降三世義也。

是故本尊住四密門也，所謂阿路啥耠重重，是怖
魔義，亦是種子義，如世間良田堪下善種，諸佛智種
亦復如是，能成就大悲曼荼羅，出生一切陀羅尼門三
摩地門。拘底支木槐木是烏伽木嗢勃是阿彌尸利師木守宮
槐木是鎮頭迦木柿木未詳篤迦木栗木是播囉師木胡桃木是羊素
佉木甘草居凌迦木李子是舍利般那木牆微是。

復次，或有真言中，有三吽字者能成一切事。所
謂護身結界❶召請供養相助決罰教授等事，若久持一
切真言不成就者，持此真言，當成一切真言之法。三
吽字真言曰：「曩謨喇怛曩怛囉夜耶一曩莽室戰二合
荼嚩日囉二合簸拏曳二摩賀藥乞叉二合細那鉢多曳三唵四

Acalanātha

不動明王

不動明王法相（別尊雑記）

蘇悉地耶蘇悉地耶五婆太野六蘇悉地羯羅七吽吽吽八
泮吒泮吒」

　　蓮華部明王名賀野羯利婆，為補瑟徵迦明王眞
言，亦名降三世明王。眞言曰：「曩謨囉怛曩二合怛
囉二合夜耶曩莽室戰二合茶嚩日囉二合簸拏曳摩賀藥乞
叉二合細曩鉢多曳唵嗊婆儞嗊婆吽庀哩二合疊拏二合庀哩
疊拏二合吽庀哩二合疊拏二合播耶吽阿娜耶護引薄伽梵尾
儞夜嚩日囉二合囉闍吽泮吒曩莽」

　　蓮華部明王心：「唵微路枳寧莎嚩二合訶引」

　　佛部明王心：「唵若嚩囉路者寧莎嚩二合訶引」

　　金剛部明王心：「唵滿度哩儞異鉢帝莎儞二合
訶」

　　念誦已，欲眠之時，作前光莊嚴印。又以部母護
身，再被甲加持所臥處，然後澄淨身心。誦明曰：

　　「唵吠賒儞吽」

　　以此加持令無惡夢，若有夢諸惡相者，即誦此明
曰：「唵嚩日囉二合那羅呵那麼他盤闍囉拏吽泮吒」

　　誦一百八遍，於所眠處，如法辟除結界，若欲知
善惡相，應用前三部明王心加持檀香水七遍，而飲三
掬并以灑身上，若念誦求成就之時，如上作法方取善
相。

　　一切眾生，無明所覆，唯求菩提，

Acalanātha

不動明王

不動明王法相（別尊雜記）

不能信受。我今爲彼，非爲己身，

唯願如來，成就之時，還我遍數。

誦偈既畢，以百字明加持，又以部母護尊及己身，以

三昧耶大結護左轉其印，以文閣句即成界也。」

底哩三昧耶不動尊聖者念誦祕密法卷上

Acalanātha

不動明王

四臂不動明王（別尊雑記）

02《底哩三昧耶不動尊聖者念誦祕密法》卷中

大興善寺三藏沙門不空奉　詔譯

根本真言品第二

三昧耶經中，略說出無動明王根本祕要成就一切事業。

爲欲令諸修行者顯發諸佛實智故，三世諸佛應正等覺者，皆由成就陀羅尼門三摩地門，於菩提樹下現證最勝三解脫門具一切智。

彼釋師子由獲無比大明呪藏故，能摧伏魔軍利樂一切，是故智者安心此門，祕密爲行，應當淨菩提心修行此法，速得成就一切智故。我薄伽梵大日世尊，復爲一切修眞言者爲除障故，住於火生三昧，說此大摧障眞言。

此祕密明威勢，能除一切有情種種障難，乃至佛道樹下，以此眞言力故；一切魔軍無不散壞，何況世間所有諸障。

又明此障略有二種，一者内障，謂從自心而生，其類甚多不可具說；二者外障，而從外而生，其類亦

Acalanātha

不動明王

●奢摩他：指安定散亂心的禪定。

四臂不動明王（別尊雜記）

甚多。以要言之，皆能除障也，即説大摧障聖者不動
明王威怒明曰：「曩麼三曼縛日羅二合皷一怛羅二合吒
阿謨伽戰拏二　摩賀路灑儜上三娑頗二合吒野吽四怛羅二
合摩野怛羅摩野五吽怛囉二合吒唅輇六

祕密釋曰：「曩莫三曼哆縛日羅二合皷歸命普遍忿怒
金剛王也怛羅二合吒殘害破障阿謨伽戰拏不空威怒極惡中之極也，
示形狀暴惡無有過者，乃至噉食一切世間障令無有餘，惡之中惡也。摩
賀路灑儜此是大怒也，極惡之中更忿怒暴惡也，即是諸佛第一義。威
猛殘害世間盡其巢穴，定入法界，歸依金剛界。娑頗二合吒野破壞也
吽恐怖也怛囉二合麼野堅固也吽怛羅二合吒唅輇種子也

用後二字爲種子，諸句義中皆能成事業，初戰拏
者是死義。入阿字門即本無生死義也。茶是戰義，以
此無生死大勢之王與諸四魔戰也。次魔是我義。入阿
字門即是無我，亦是空三昧也。盧者有囉字，垢障義
爲體。有鄔聲是三昧也，即奢麼他爲❶大三昧也。儜
是戰義，入阿字門即大空三昧也。薩是堅義，頗是沫
義，知世間法如聚沫故，易破壞也。傍有阿字之點即
行也，吒是戰義，能敵障怖畏令破也。野是乘義也，
吽是大空三昧。如上説怛是如也，囉是無垢也，吒是
作也，謂一切法無作也。唅字上有空點是圓寂義，亦
名大空智，入訶字門是行義，又有阿聲怖魔障金剛三
昧行也。野即大空也，以此大空不動之行大怖一切魔

Acalanātha

不動明王

■ 手印十指的別稱

由於經文中有一些指頭的別稱，為方便讀者結手印，附上十指的別稱圖。

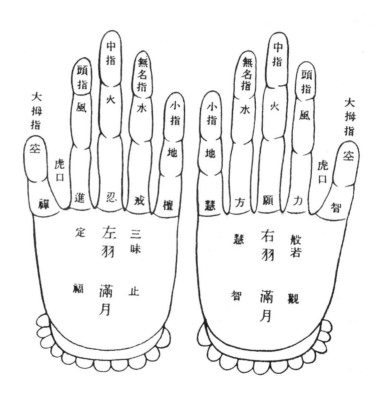

手印十指的別稱

障也。轮字亦名大空智，爲麼字門是我義，入阿字門無我也，謂一切法本無生滅也。又以此大空無我三昧而怖眾魔，以此字亦有阿聲及野也，阿嚧啥轮，此四字皆有阿聲，即重怖魔極怖畏也。即是破內外二障之義也，結三昧已，即想自身全成嚂字。此字想成猶如火色，從字發熾然猛焰，梵燒身中三毒煩惱及隨煩惱。一時頓盡時火亦隨滅，唯存嚂字融成皎月在心中，作是觀時不宜遲住，速轉慧心令其成就。

澡浴結護身品第二

無動金剛極安穩護身印明第一

先以二小指內相叉，於大指虎口中出並豎二中指、二無名指，於中指背相交，以二頭指各握無名指，豎二大指，捻中指中節，是明曰：曩麼三曼多勃馱喃一唵二賀羅賀羅三摩訶儞弭多吽引泮吒半音四

爾時，無動聖者，說洗浴法有二種，一者內淨，二者外淨，內淨者，於諸眾生起慈悲喜捨心、清淨無我心。二者外淨，以水洗浴或於河中，先結三昧耶印，置安頂上，誦明三遍，即用杵印明，護身瀉垢，方可結界、淨水及土，亦用杵印明。

無動金剛洗浴結護八方印明第二

禪度入掌握爲拳，獨豎進度金剛峰三轉，右轉成

Acalanātha

不動明王

不動明王（別尊雜記）

結界，左轉解界及辟除。明曰：

　　唵啥吽摩訶呬摩畔馱儞畔馱吽畔馱嚩日囉二合嚩
日黎二合禰吽泮吒

　　無動金剛洗浴淨水印明第三

　　禪智雙入定慧掌中，以印攪水除諸障，明曰：曩
麼三曼哆嚩日囉二合赦一怛囉二合吒阿謨伽戰茶二摩訶
嚕灑拏三薩頗二合吒耶吽四怛囉二合莎耶怛囉二合莎耶吽
怛路二合吒吽怛路二合吒

　　不動金剛著甲印明第四

　　戒方入掌背相著，進力入掌亦如是，六度豎合三
鈷杵，開腕印身上、頂加持五處，頂上散，是名金剛
甲。明曰：唵啥吽嚩日囉二合三摩曳嚩日囉迦縛制護
嚩日囉二合吽泮吒半音

　　以此明印印五處，即成著甲隨意洗浴。

　　不動金剛灌頂印明第五

　　戒方檀慧內相叉，忍願豎合進力附，智捻方背，
禪亦然。是名本尊灌頂印。明曰：曩摩悉多羅三合也
地尾二合藥多引南薩囉嚩怛他引蘇哆南紇唎二合薩羅嚩
母馱那婢卑也反遮波波羅濕摩鼻曬罽婀婢詵去者怛謨努
遮曤邏嚩底丁以切尾囉者麗莎嚩二合訶

　　修眞言者，著甲護身，洗浴著衣竟，誦明曰：唵
啥吽塞頗吒耶薩醯吽羅迦沙二合啥泮吒輕呼半音

153

Acalanātha

不動明王

●蓮華掌：雙手作蓮華初開狀。合掌，左右手食指、中指、無名指三指指端
　稍微展開。

不動明王（別尊雜記）

不動金剛杵印真言，一切穢處用，修真言者，欲往一切穢處，先用杵印印五處，所謂兩肩、心、額、喉、頂是也。用印之時，以明加持至頂上散，誦明曰：「唵阿者邏迦拏戰荼莎馱耶吽泮吒」

結護道場品第四

無動金剛三昧耶印明第一

如是依法洗浴已，即往精舍，以清淨心如常合掌，直豎禪智二度，於額上思惟，諸佛菩薩如對目前，放其身心，坦然禪悅入三昧耶。

誦明曰：曩摩薩嚩母馱冒地薩怛嚩二合喃那莫蘇悉地莎達儞阿藥隸二合迦嚕儞嚩羅提怛羅異怛羅異阿皤曳阿底摩嚇那莽素都二合帝波羅摩悉地馱也屬鼻喻二合摩訶訖哩二合閉弊毘也反莎嚩訶

禪智並合蓮華掌●，加持本明安額上；思惟諸法本不生。

不動威怒辟除障難印明第二

願力並豎端，慧方如鉤勢，智度捻如環，慧羽亦如是，即以忍進劍，穿入定鞘中，是名無動劍。結護方隅界，拔刀左遶之，辟除一切魔，持劍右旋轉，下指金剛橛，上結虛空界。

復誦祕密明：曩麼三曼哆嚩日囉二合報怛羅二合吒

Acalanātha

不動明王

不動明王（圖像卷）

戰茶摩訶路灑拏沙頗二合吒耶吽怛羅二合吒唅鈴

　　密誦三遍或七遍，以印右旋結護，左轉辟除及以
上下，是明威力，能大擁護十方大界，及以護身并淨
除處所，乃至三界猶能防護，況一方所作是法。時隨
行者心念明印。所及之處，能令種種類及難調魑魅之
屬，皆見熾然金剛威怒，如大火聚周遍其處，此印功
能甚大難說。若人住於世，窮劫說其功能亦不可盡，
是名無動金剛劍。此印明亦通五部護身結界用。

　　無動金剛能成就一切事業杵印明第三

　　豎開止羽掌，禪進捻如環，各建金剛峰，是名無
動杵。復誦密言曰：曩麼三曼多嚩日囉二合赧戰拏唵
阿者邏迦拏者嚕娑馱耶吽泮吒」

　　此杵明印能成就一切事業，乃至洗浴明淨土，及
以護身結界皆用此明印。

　　無動金剛牆印明第四

　　戒方進力屈入掌，側豎忍願並檀慧，禪支屈捻進
下文，智捻力支亦如是。

　　誦明曰：唵唅吽嚩日囉二合曼茶隸畔馱畔馱吽泮
吒輕呼

　　誦明三遍，以印左轉三遍，隨心遠近即成就牆
界。

　　無動金剛網印明第五

Acalanātha

不動明王

不動明王（醍醐本）

戒方進力內相叉，六度豎合頭相拄，開腕頂上右三旋，即成金剛堅固網。。

誦明曰：唵啥吽嚩日羅二合薩囉二合步嚩儞暮吽泮吒半音

結此印已誦明三遍，於頂上右旋，三匝即成網界。

無動金剛火焰印明第六

二羽翻掌背相叉，即成本尊三昧火，金剛牆外三旋繞，如火猛焰金剛城，一切魔軍悉馳散。誦明曰：

唵啥吽嚩日羅二合入嚩二合隸吽泮吒

結此火焰印，已誦明三遍，於金剛牆外，右旋三匝即成火院。

供養品第五

無動金剛座印明第一

平舒定掌承慧背，行人想成金剛座，座上更安所生印，一切聖者皆隨喜。

誦明曰：唵啥吽嚩日囉二合莎儞梵吽泮吒半音

以此明印加持住處得爲金剛不壞地，即於地上想有金剛座，便以如來所生印安置諸佛菩薩於金剛座上，便迴此印供養諸聖。

一切如來所生印明第二

Acalanātha

不動明王

不動明王法相

金剛堅固內相叉，檀慧豎開所生印，此印名爲功
德母，佛法僧寶住其中，請召明王及本尊，結此祕印
皆雲集，便迴此印獻諸尊，即成閼伽供養佛。

「曩麼薩嚩母馱冒地薩怛嚩二合喃阿引摩羅尾迦
羅二合多帝餌儞阿羅逝莎嚩二合訶」

便以此如來所生印想爲閼伽，奉獻諸佛菩薩諸尊
賢聖，常作此法供養，是速得成就。

復觀不動聖者住本位，用前灌頂印明奉獻本尊，
即誦根本明一遍，能令聖者歡喜，速得圓滿成就故。
又持明行者，次結三昧耶印安置頂上（印如前已説），即
想自身如本尊乘八葉蓮華，手執香爐，即令三業寂然
無亂，往詣精舍至道場門。三稱吽字驚覺諸聖，入精
舍已。（已上安於三昧印後）

次應如常禮懺奉獻閼伽，應作是念，我今當捨全
身，供養十方三世常住三寶道場眾會，唯願一切諸佛
菩薩，乞與我等作大加持，最上成就，得成金剛薩埵
悉地，當攝受故請求加護，如是三白便即云云。

又以杵印如前結界加持本尊座，以如來所生印奉
獻諸佛菩薩，每日三時如法供養，或時忘念闕少法
則，即犯三昧耶，先誦大輪金剛明，及結大輪印，用
除其咎，謝其過罪。

大輪金剛懺悔印明第三

Acalanātha

不動明王

●犯三昧耶：違犯佛的本誓。

不動明王法相

如是依法結護已，皆有關犯三昧耶❶，密持蘇摩金剛明，懺悔四時諸過咎，戒方進力內相鉤，六度豎合金剛輪，結此明印安頂上，右旋三匝謝其過。

誦明曰：曩麼悉底哩耶四合地尾迦喃薩縛怛他誐多喃唵尾囉耳尾囉耳摩訶斫迦羅嚩日囉二合薩哆薩哆莎囉帝莎囉帝怛囉二合曳怛囉二合曳尾馱儞三盤若儞怛囉二合摩底悉馱阿紇哩曳怛唎二合藍引莎嚩二合訶

持真言者，結護了皆有關犯三昧耶，當結此印安頂上，誦明三遍或七遍，右旋三匝懺謝眾過，然後念誦本尊明。

無動金剛滿足印明第四

虛心合掌甲相柱，是名本尊滿足印，種種供養及塗香，焚香燈明并飲食，上妙供養吉祥事，俱持此印皆圓滿。

誦明曰：曩麼悉底哩也四合陀嚩二合蘗哆喃薩嚩怛他蘗哆喃唵尾哆哩摩訶嚩日囉二合薩怛薩怛莎囉帝莎羅帝莎縛訶

復以此明印想水陸珍寶及寶山等物，海中妙寶摩尼華樹王等，悉皆無主所攝，以我福德力、諸佛加持力，願此香華雲遍滿諸佛剎土，供養一切諸佛菩薩滿足上願。

塗香供養印明第五

Acalanātha

不動明王

不動明王法相

印如前誦明曰：曩麼悉底哩三合也陀嚩二合蘗哆喃薩縛怛他蘗哆喃阿三摩彥度怛謎素彥馱嚩底薩頗二合囉呬輇哦哦喃摩呼那曵泥去尾薩嚩嘌他二合莎馱儞莎嚩二合訶

燒香供養印明第六

誦明曰：曩麼悉底哩三合也陀嚩二合蘗哆喃薩嚩怛他蘗哆喃唵阿蘗哩阿蘗哩始棄始棄南薩嚩怛度麼始棄莎嚩二合訶

華供養印明第七

誦明曰：曩麼悉底哩三合也陀嚩蘗哆喃薩嚩怛他蘗哆喃阿嚩路枳哆二合摩訶布澁波二合嚩底莎嚩二合訶

飲食供養印明第八

誦明曰：曩麼悉底哩三合也陀嚩蘗哆喃薩嚩怛他蘗哆喃唵阿囉婆阿囉婆迦囉迦囉嚩哩嚩哩嚩隣嚩隣那陀毘摩訶嚩哩莎嚩二合訶

燈供養印明第九

誦明曰：曩麼悉底哩三合也陀嚩蘗哆喃薩嚩怛他蘗哆喃阿藍帝爾嚩二合藍帝儞波必也反儒底始棄莎嚩訶

普莊嚴供養明印第十

誦明曰：曩麼薩婆母馱菩地薩埵嚩喃薩婆他烏特二合伽帝塞破羅呬輇伽伽那劍莎縛訶

持此明力故，能生如意寶，供養一切諸佛菩薩眾

Acalanātha

不動明王

不動明王法相

Acalanātha

會，由誦此讚歎福德力故，令此供養普遍一切諸佛菩薩眾會，讚歎明曰：曩麼薩婆母馱菩地薩埵嚩二合喃一薩婆怛路二合僧句素弭哆二鼻枳惹二合囉始吠三那謨素都帝薩嚩二合訶四

復誦無動明王根本明三遍，能令聖者歡喜與願，速得圓滿菩提故。次即懺悔先業，一切罪障願皆消滅。復作此願，我今所有一切善業，迴施法界眾生，令我此願速得成就無上菩提，具一切種智。

復誦此加持明八遍，明曰：曩麼薩埵嚩喃那暮素都帝摩訶嚩日羅二合薩婆薩埵嚩四路迦羅底瑟他薩婆怛羅隸吠達羅摩摩拏地瑟他耶莎嚩二合訶

如上供養加持本尊已，結前灌頂印，而自灌頂。

無動金剛盧空部母印第十一

結此盧空明印，用護身及護本尊故名部母，亦名盧空眼。

進力俱入蓮華掌，即名盧空部母眼，以印護身及護本尊，二羽分開捻珠印，亦名聖者盧空眼。

明曰：曩麼悉底哩二合也陀嚩二合拏藥帝弊薩嚩怛他藥帝弊唵哦哦那路者儞哦哦那三摩薩嚩都嚕藥哆底沙囉三婆吠入嚩二合攞那謨阿謨伽喃莎嚩二合訶

無動金剛法界生印明第十二

戒方進力內相叉，六度豎合頭相拄，開腕加持左

167

Acalanātha

不動明王

不動明王法相

右臂，舉印漸至頂上開，眞言悉地隨此生，是故名爲法生印。

結印加持誦明曰：曩麼薩嚩母馱冒地薩怛嚩喃阿薩囉嚩他薩羅縛多囉路計莎嚩二合訶

法生印者，從一切如來不動菩提心生，從大悲本願生，從佛口生，從法化生，故名法生印。

次誦前盧空部母眼明七遍，即觀一切諸佛菩薩如在目前，手執數珠如法念誦，如是廣作佛事已，當結本尊根本三昧耶印，先誦金剛百字眞言，爲令加持不傾動故。

捻數珠明印第十三

其印準前部母印，二羽分開，即是此印也。

誦明曰：曩麼嚩日羅二合目契弊薩嚩怛他引藥帝毘喻二合婆伽梵特嚩弊畢遮反怛地也二合他嚩唎健馱哩戰茶唎摩蹬儗濱俄哩怛他引伽多吠曳二合使怛摩底吽入縛二合哩多帝逝伊能迦羅焰句嚕莎縛二合訶

無動金剛根本三昧耶印明第十四（亦名根本身印）

六度和合內相叉，直舒進力頭相拄，智度屈捻方便背，禪捻戒背亦如是，當誦金剛百字明，加持自身堅固住，復誦本明成悉地。

眞言曰：「唵阿三摩阿三摩三曼哆都那哆怛嚩泌底舍那儞訶羅訶羅娑摩二合囉拏娑麼二合囉拏尾藥哆母

Acalanātha

不動明王

一面四臂不動明王像

馱達摩帝薩羅薩羅三摩嚩邏荷羅荷羅符娑符娑怛羅耶
怛羅耶伽那伽那摩訶嚩囉囉迦沙二合儞入縛二合攞那入
嚩二合那娑伽嚇莎縛二合訶」

　　誦百字明加持，復觀一切諸佛菩薩在行者前，攝
受如前種種供養廣大成就，所謂現世所求一切悉地，
名最勝悉地，亦名金剛薩埵悉地。復作是願，願以此
功德，普及於一切，我等與眾生，皆共成佛道。

　　每日三時念誦，時別最少一百八遍已不下成，念
誦了，以虛空眼真言及印，如持本尊令歡喜與願，亦
令堅固不散，後誦根本印明曰：「其手印準前根本三
昧耶是，以二手中指已下，並向內相叉便爲鉤，二頭
指側相拄，二大指各捻無名指甲，即成。誦根本明三
遍。

底哩三昧耶不動尊聖者念誦祕密法卷中

Acalanātha

不動明王

四面四臂二足不動明王像

03 《底哩三昧耶不動尊聖者念誦祕密法》卷下

大興善寺三藏沙門不空奉　詔譯

　　無動金剛寶山印第一

　　金剛堅固內相叉，是名寶山身密印，種種供養并護身，加持本明頂上散。

　　無動金剛頭印第二

　　禪度入掌把爲拳，置安頂上名頭印，思此全身聖者前，靜坐安心作觀照。

　　無動金剛髻印第三

　　戒方檀慧內相叉，忍願堅合進力附，禪智二度背相著，屈入戒方相叉內，與二無名面相著，舉印置安左髻中，是名無動金剛髻。

　　無動金剛眼印第四

　　準前髻印，翻手倒垂至額前，即名無動金剛眼。

　　無動金剛口印第五

　　檀慧二度內相叉，戒方雙押內叉上，忍願堅合進力附，禪捻戒背智捻方，是名聖者金剛口。

　　無動金剛心印第六

　　戒方檀慧內相叉，忍願堅合屈進力，禪智並捻忍

Acalanātha

不動明王

黃色不動明王（覺禪鈔）

願文，是名無動金剛心。

無動金剛師子奮迅印第七

準前無動金剛甲，唯改進力頭相拄，起立頻伸虎舞勢，遶壇行道辟除魔，師子頻伸大奮迅，是名五股金剛印。

無動金剛火印第八

禪捻三度背爲拳，進度獨舒指定掌，散開五度如猛焰，是名無動金剛火。

無動金剛法螺印第九

二羽各如無動劍，掌內鉤鎖狀猶環，忍願豎合頭相拄，進興忍背重相著，力度願背亦如是，是名無動法螺印。

無動金剛索印第十

禪捻三度背爲拳，進度直舒觀羽握，力度屈捻智如環，是名無動金剛索。

明曰：曩麼三曼哆嚩日囉二合報阿引波舍伴闍那吽泮吒半音

無動金剛劍印明，能成就一切事業。

明曰：唵阿者羅迦拏引勃馱制吒迦吽吽佉醯佉醯伊能魚哩二合醯摩輵賀喇尾沙索鉢多二合惡紇哩二合訶吽引泮吒阿哩耶二合者羅阿引蘗車緊至羅夜思伊引能迦哩羅耶二合句嚕耶麼莎縛二合訶

Acalanātha

不動明王

四面四臂二足不動明王像

持明行者每常食時，出一分殘食供養本尊像，歡喜擁護，所求皆得，終不空過。復誦無動金剛根本明。

無動金剛解界明印第十一

持明行者念誦了，即解前所結火界及牆界已，灌頂印豎二小指頭相拄是也，當誦燈焰如來解界明，以印左轉即成解界，前火院界是也。燈焰如來解界眞言曰：曩麼悉底哩也二合陀囀拏哦哆喃唵紇哩二合

誦密語已，重以香花如法供養，懺悔三業，即結部母印，護身方可起去。轉誦大乘方廣理趣，諸善事隨修行。

持明行者，每欲食時，以事業金剛眞言，加持自身中種子，加鑁字，復誦十力明八遍，乃食之。

明曰：曩麼三曼哆鑁

十力明曰：曩謨薩囀母馱冒地薩怛囀二合，喃唵麼蘭捺泥帝引孺忙嘌寧莎縛二合訶

如是先成就本尊訖，所餘觸食，以成辦諸事心明，供養所應食者，當用不空威怒增加聖者不動尊明，誦一遍，受者歡喜，當隨行者而護念之。

每日如是供養不得斷絕，常得本尊護念。諸魔不能爲害，施食已，如常禮懺依法念誦，於中夜分欲消息時，即結先莊嚴印。

一面六臂六足不動明王（覺禪鈔）

無動金剛光莊嚴印明第十二

　　慧手翻掌彎心上，定掌還來心上合，加持本明安頂上，便開二手順身摩，能除障難得成就，以護身故名莊嚴。

　　光莊嚴明曰：曩麼悉底哩也四合陀嚩二合拏伽哆喃薩嚩怛他蘖哆喃摩訶三昧耶伽底伽帝三曼帝三摩蘖羅嚩二合摩他薩羅婆多羅二合路計達麼駄埵底多僧伽帝莎嚩二合訶

　　作前法已，應如過去燃燈佛禮拜法，金剛合掌長舒二臂於頂上，面東令面著地，長展二足以心著地，如是禮拜時，觀念一切諸佛菩薩，唯願攝受我等作最上成就，哀愍故，如是三迴已後隨意消息，心念明相作速成就相。

無動金剛事業求願第七

　　爾時，釋迦牟尼佛，告執金剛菩薩言：「我今為汝說無量神通力無動金剛法，能利益成就一切事業。若修行者菜食長齋或菓子等，誦滿一萬遍已，於月八日或十五日，一日一夜大作供養，於像前取苦練木和蘇燒，一咒一燒滿一千八遍，作此法已，然後所作一切事法，皆得成就，行者出語令縛即縛，及問事等，能摧折樹木、墮落飛鳥、能令一切泉池枯渴，亦能令人鬥諍獲勝，得此已亦能團風而為一團。

179

Acalanātha

不動明王

不動明王法相

「又法，於月蝕夜，取未著地牛糞塗曼荼羅，種種香、花散於壇上，置大般若經，前取純色犢子牸牛蘇一兩，置熟銅椀中，取佉陀羅木爲齒木，并攪蘇明不限遍數，令種種成就。

「又山峰頂上不喫食，誦滿十萬遍，即得見一切伏藏。

「又用乳作火法，誦一千八遍，沃火燒能除疫病。若共一切人論議，即得彼人口噤不論。

「又法取句爐草和蘇乳蜜，加持沃火中燒誦十萬遍，能除大疫病。

「又取蓮花和蘇酪蜜，誦明沃火中燒誦明十萬遍，蓮華吉祥天與行者願。

「又法於臨近海河口，入水至胸誦明三十萬遍，得尾沙耶。

「又誦明，以華擲火中燒，隨華色得衣，燒穀米得穀米。

「又取尾邏縛木，誦明，燒十萬遍，即得囉闍。

「又取必哩養隅木誦明燒，能令一切人愛念，明柏木燒，即得無量僕從，明大麥燒，得爲大長者。

「次說畫像法，畫無動尊，身著赤土色帬衣。左垂辮髻，眼斜視，手執劍索，坐寶蓮華。嚬眉嗔面，作怖三世狀。如是畫已，於流水河海岸上如法安像，

Acalanātha

不動明王

不動明王法相

行者自身亦著赤色衣，心無染著寂靜乞食爲活。於像前誦五十萬遍畢已，即於夜中以薝蔔木火燒，一明一燒擲火中滿一萬遍，即見無動聖者，現前自身得爲如來使者。得三摩地共菩薩同位。

「又法取尸陀林中帛畫無動金剛像，以自身血淡作色，安置像面向西著，行者面向東坐，念誦每時三時澡浴著濕衣，對像面前誦明十萬遍，即施一切鬼神食。又於黑月八日夜，取摩奴沙，坐其上，誦明一萬遍已，彼摩奴沙動身，行者必不得怕，彼口現出大開敷蓮華即把取，能令行者身如十五六童子，髫如連環遊歷天地，得大明王。

「又於像前每日二時，念誦隨力供養燒沈水香，如是滿足六月，自見得尾沙耶主。

「又法取旗幡誦明一千遍，執於軍陣前能破他陣。

「又法，欲禁他軍令不得動者，於旗幡上畫無動尊，身作黃肉色，四面上下出牙，四臂作怖畏瞋怒狀，遍身火焰，作吞他兵勢，持法人以旗示彼人，又想聖者以羂索縛彼兵眾，彼即無能動也。

四面無動金剛明曰：『曩麼三曼哆嚩日羅二合赧始麼二合舍囊悉體二合迦播羅楞訖哩二合哆户怛嚩賀姥儞嚩引路囉馱縛二合能瑟吒邏二合迦囉邏娜捨曩步惹

Acalanātha

不動明王

不動明王

誐跛哩吠瑟徵擔捨唎邏底榮捺囉曩野曩迦賀護，姥訖
哆二合吒賀三者㗚姥佉尾訖哩二合怛嚕引跛莽賀避沙拏
也怛儞也二合他唵尾訖哩哆尾迦吒尾迦邏摩賀囉㗚二合
哆尾瑟他姥怛羅契駐尼去反齒瑟吒賀囉案怛囉莽羅馱
羅者㗚姥母佉入嚩二合邏那比路馱嚩二合計奢吽嚩日囉
二合嚩日㘑二合蘖羅二合吽泮吒莎嚩二合訶』

「若欲令他相鬪者，取烏鴿鵄梟羽明燒，即得鬪
諍。

「若欲令燒設都嚕卒者，取稻糠燒當燒之時，想
聖者以索縛彼捨都嚕，將向南方困苦吐血，彼等族類
皆不得存也。

「又法欲令設都嚕卒取士鹽蠟，苦練葉相和擣爲
泥，捻作彼形狀，置地上斫斷，即卒。

「若明稻穀燒，令彼捨都嚕，即貧窮。

「若欲令大人愛樂者，以鹽作彼形狀段段斫之，
誦滿七日，彼即愛樂。又取俱蘇摩花明燒十萬遍，得
夜叉女來，於三事中所求皆得。

「又明曼茶羅花，稱彼人名即令橫亂。

「明鹽燒，即得天女來所使隨意。

「明安息香燒者，得閻羅歡喜。

「又畫像法，先畫釋迦牟尼佛像，畫文殊師利童
子像，畫執金剛菩薩作微笑面，手執金剛杵，於

Acalanātha

不動明王

不動明王（醍醐本）

執金剛下，畫無動聖者種種莊嚴。即於彼前誦明五十萬遍，然後作一切事皆得稱意。

「若欲令降他兵，即結無動聖者眼印，作瞋怒聲稱吽字，以心想令魍魎捉彼，乃降取尸陀林灰，加持七遍，與彼人即得愛樂。

「又法取牛黃加持七遍，點自身額上，能令眾人見者愛樂，毘那夜迦不能損害，熾焰成就故。

「又法於己身上布明梵字，彼羅剎眾退散百由旬外又被毒蛇，經半年不差明之即差。

「又於壁上畫劍契，又畫句律迦大蛇纏劍上，其劍周圍有火焰，即加持千遍，以示病者，病者即下語，加持一百八遍，病者常蒙聖者擁護，每日加持殘食，置淨處供養聖者，常得如願。

「行者瞋怒，結心印稱吽字，一切惡雲退散。

「又取棘針和羅視迦油，明燒能止大雨，能令行者成結大界，亦成就千種事業。

「又說無動尊金剛畫像法，身著赤土色衣，左垂辮髻，斜視，童子狀，手執金剛杵及寶棒，眼微赤，坐石上，瞋怒遍身火焰，於像前結愛樂一切印契，皆得成就。依前法作所樂騰空隱形及所愛法，隨意成就縱無畫像，獨處閑靜或在寺中或山窟中離雜鬧處，所求者一切皆得成就。

Acalanātha

不動明王

不動明王（醍醐本）

「加持患瘧病者，即自縛下語。

「加持鏡亦得像，現問事皆說。

「取童子或童女置道場中，召神入令下壇中，問一切事皆得。

「次欲成就繫迦羅法，於月一日日中時著種種香華，供養不歇誦明一百八遍，念壇中一切諸佛菩薩，每日念誦滿一月日，如法供養已。用苦練木柴燒火，遏迦木上塗蘇，白芥子加持燒火從黃昏，燒火至夜半，乃至日出，繫迦攞即來語行者言，使『我作何事？』行者攝受已後，常隨行者所使心得隨順，乃至使往天上取天女，即將來所須飲食齒木水等，皆得給侍。」

底哩三昧耶不動尊者聖者念誦祕密法卷下

復次如前建立曼荼羅，應取一千蓮華，一華一誦安中台以為奉獻，然後引弟子，入告三昧耶言（為證欽清淨誓）羯磨曼荼羅品。

復次，成就像法，於清淨絹氍上畫觀自在菩薩，堅蘇彌盧頂八佛圍逸白月一日於此像前。

延享三丙寅年秋七月，再校了同臘月上旬彫刻成

豐山長谷輪下無等誌。

Acalanātha

不動明王

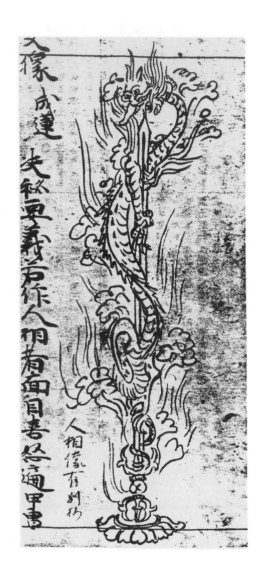

俱利迦羅

04 《聖無動尊安鎮家國等法》

爾時，毘盧遮那如來，爲愍念一切有情，常於煩惱苦海之中，流浪生死不出三界，受眾苦故，展轉造作無量苦業相續不絕。我爲拔濟一切有情，於三界中現威德光明自在之身，號曰不動金剛明王，能與人天安樂利益，安鎮家國無衰患。

若有國土多諸災難，日月失度惡星變怪，互相陵逼水旱不調，眾生薄福天龍捨離，遇此之時，不祥競起無有休息，穀貴飢凍鬼魅流行，疫病妖邪虎狼殘害。暴風霜雹毒惡虫蝗，怨敵頻興群君背版，多諸盜賊征戰屢興，處災興相續不絕。

其國仁王，若知有此持明之人，應鎮起大慈悲之心，哀愍國界一切有情，行大明王威德祕法。令諸有情增加福德，起慚愧心離諸苦業。

其王爾時生大信樂決定之意，召請如是持明大士，應捨財帛、衣服、珍玩、園林、屋宅，象、馬、車乘、奴婢僕從種種上妙吉祥等物，而告之言：「我爲一切有情及國土不安，仁當爲我成就此法，我聞此法威力難思，汝當爲我我一切有情，速可建立此殊勝法除眾災殃，所要之物，當隨意取，終不違汝。

191

Acalanātha

不動明王

俱利迦羅

時持明者受是請已，勿生厭倦，依教修崇，當須清淨造立不動尊明王形像，及八方天王并其眷屬。如法修造隨其自力，或金、或銀乃至銅、鐵、泥木彩畫，身長八指，其兩臂身俱摩羅相，其身洪滿，其色如金，頭髮左垂，威容極忿，右持智劍，左執羂索，坐金盤石，光焰熾然，其焰多有伽樓羅狀。

此之形像王宮中置，乃至百官黎庶人民所居莊室房舍，皆於中心取少分處安置此像，其八方鎮處即作四臂大嚴忿怒身，紺青色洪滿端嚴，目口皆張利牙上出，右劍、左索。其上二臂在口兩邊作忿怒印，身處八幅金剛輪，内其輪，四外現八三股金剛杵頭。輪復有伽樓羅炎，坐四大寶須彌山上，及八天并諸眷屬，及鑄金輪自有圖樣。

上從王宮，下至黎庶悉行此法，若不遍行無有是處。皆於所居安置形像勿生怖畏。

我本先願不捨眾生，常居一處渾同穢濁悉令清淨，及施殘食而爲供養，并受大日如來五字心真言，并軍旅眾生亦帶此悉真言及施殘食，令增勝福。

其王宮中每月一日及十五日依法供養，以諸香華、上妙幡、寶網，蘇、燈、閼伽、寶瓶、寶器、微妙塗香，上味珍妙甘饌及諸湯藥，并陳種種上妙音樂。其王爾時捨憍慢心生謙下心，普爲國界及諸人民

Acalanātha

不動明王

不動明王頭像（醍醐本）

親自祈哀，恭敬供養施繞禮拜，殷勤祈請發殊勝願，增加福力人民安樂不受諸難，每年春秋依教戶摩，如法供養表王志重，於諸有情不生疲倦，為我國界求勝上福。如是陳設八鎮之後，其果永斷一切災禍。

　　天龍歡喜愍念眾生，諸佛常當護念一切有情，為加持故俱修慚愧共行十善，國界自然安穩豐饒，其諸人民受諸快樂。

　　仁王所化倍增福德相繼不絕，壽命增長國土榮盛，有大威力如師子王無能勝者。

　　爾時世尊以偈讚曰：「我大日如來，安鎮家國法，現威德自在，號不動明王。於一切有情，斷三惡道業，能離諸八難，使三界獲安。故讚說修行，及戶摩儀軌，供養當時分，宿曜日相應。一一悉加持，清淨無雜染，住三密觀行，所作俱威儀，三日午前起，五日午後成，中夜後戶摩，大陽安鎮畢。大悲根本號，五字心真言，王敕普流行，軍眾皆帶受。建立尊形像，印契具分明，童子威怒身，面貌皆充滿。儀軌及供養，教令悉相應，曼拏羅普通，根本自差別。如上次第法，每鎮畫像前，起從憍尸迦，右旋伊舍畢。周百由旬內，四臂大怒王，一髻左下垂，身作紺青色。半跏彌盧上，成就斫羯羅，猛焰從心生，狀如金翅鳥，八天依本位，面向聖尊前，持自契真言，眷屬

Acalanātha

不動明王

不動明王頭像（醍醐本）

皆奉獻。龍神咸歡喜，稱美讚人王，八難不能侵，一切同安樂，所有難調者，災變自消除。設使軍陣中，斷彼人身命，為帶真言故，大士力加持。永絕怨害因，生勝不動國，其王安近處，兩臂根本身。黃色坐金山，作俱摩羅相，以幡華縵蓋，種種妙莊嚴。初月十五晨，王親自瞻仰，所捨於殘食，奉獻不動尊，供養勿生疑，成真實上味。迴奉十方佛，我願滿眾生，大千國土中，一切同安樂。

次說隨安鎮法。當欲鎮時，先起東方，東方擇勝上地，無諸穢惡結界加持，當其鎮處掘深三肘廣亦三肘，以瞿摩塗飾，辦備塗香、閼伽、燈明、飲食、蘇乳、菓子，別作一肘方曼拏羅，於此壇上置本尊像，幡華嚴廣設供養，當於中夜作戶摩業，其所處以金、銀、琉璃、珊瑚、馬瑙、真珠、琥珀及以七寶布輪上。於輪齊中下鎮鐵橛加持一千八十遍，一遍一下槌乃至遍數畢，四角散五穀，即下土填平。

欲鎮之時，從午後至夜半前候取吉祥時分，即當下鎮了後，夜戶摩。其壇四傍，依五方色，繒綵錢帛鎮之，取明相分修功德了，於其鎮處其上置一素不動明王四臂者，及本方天眷屬，各執本契香華向尊供養。其素像取囉惹身量長短為之，其功未畢，且開眼目，廣大供養。設大音樂，悉令殊勝依此鎮已，如是

Acalanātha

不動明王

不動明王像

周遍八方，並如上說，即王宮置兩臂根本不動明王，依法建立如教安置已。

即勅下四方王令及處，上從宰相、百官，下至黎庶所居室內，如前安立不動像，及令誦五字心眞言并行，當制嚴令彌加，戒勸，殘食供養勿令斷絕，共持國界安鎮普同。

設有於此大聖尊前，歌舞戲笑生輕慢生，此大明王亦不生厭離，我施勝福，若諸有情施少殘食供養我者，即同以十方無量勝妙珍玩，百味飲食衣服臥具，上妙湯藥七寶宮殿，象馬車乘僮僕，奉施功德無異。復過於此百千萬倍，即成眞實廣大供養，修供養時最相應者，赤色衣服皆大吉祥。

次說作戶摩鑪及所用物。若戶摩時，於明王前，作戶摩鑪，廣一肘深半肘。取本處城邑四邊順流水及彼河摩土，及雜香加持和以泥，以用泥鑪壇。復以瞿摩塗拭，中心劍契，行者左邊囉惹位，次大臣位，次大將位，次地主位，應須親入道場發至誠心，本位中坐道場內不得過三人，於壇外四面七步外，嚴整甲兵執持器仗一如法，乃奏種種上妙伎樂。大陳供養廣宣王命，於大聖尊前爲一切有情，如法安立本方天像并諸眷屬，修功德時當見火相，如有不祥依教攘之。

Acalanātha

不動明王

西藏不動明王像

　　既安鎮了，即於當處召取三人能修行者令彼受持，三時焚香灑掃供養，每月一日及十五日，燈明、飲食、種種音樂如法供養，諸天歡喜護持此界，無有衰難一切安樂。

　　其戶摩時，用牛蘇四斤或二斤，五穀巨勝乳酪飲食、菓子、蠟燭、菉豆子，塗香、五味、沈香、檀蘇合，龍腦欝金、安悉乳頭、白芥子蜜，隨施主年記。乳木長十二指，菉豆白、膠莍子及羅苨上服以代其位，如同道場將用所表，如親自供養瞻仰無異。

　　每鎮鑌鐵橛銅輪，各一橛長八指一半已上，作獨股形仍具楞，已下橛形可入輪齊，四指輪廣一肘，內八輻外八方各出三股半金剛杵頭，輪齊有孔可容鑌橛金銅，戶摩杓二。每鎮不動尊旗一口，本方天王旗一口，軍馬行時。即將引前，大將隨後。

　　若不行時，於本像處安置勿令穢污。

　　若戶摩時，若初若未皆投蘇三杓，審看其相。

　　若土地人民，役災變善惡有不祥相，依教攘之，如有惡相，不作功，三年之內必有應驗，不然別作大福，隨處迴援即須為之。

　　若戶摩時，火相右旋，火焰直上，或作音樂鐘鈴妙聲，及形像者為大善相，若復左施作不祥鳥獸形，又作呵呵之聲，於其土地亦有災難，眾生飢凍水旱，

Acalanātha

不動明王

西藏不動明王像

不時人民飢死，應作息災法攘之。

若戶摩時，火成雲霧黑闇，向下垂布，鑪中火滅供養不成者，其地亦有隱相謀害，作調伏法攘之。

已上四種善惡之相，極用意，審細詳察隨相攘之。若息災時用乳木，鑪中輪印，句食衣白衣，若增益時用白壇木，鑪中幢印，衣食俱赤。若敬愛時用蓮華投火，如無雜華代之，鑪中蓮華印，衣食俱紅色。若調伏時投苦練木棘針皂莢刺及毒藥等，衣食皆黑。

若金剛王爲四天下有情安鎮者，可周一萬由旬內鎮；若銀輪王爲八千由旬內鎮；若銅輪王六千由旬內鎮；若鐵輪王三千由旬內鎮；爲當國眾生周百由旬內鎮之，於王城每方面一千里內，王百里外當取所便處安鎮。但不過其位，即得如是。安鎮儀式及曼拏羅并其形像，所用諸物皆已略說，汝諸有情發菩提心，爲一切有情。依教修學戶摩鑪樣及布列像。若調伏時不應顯名目作，必須祕密爲之，勿使當處知，唯監者知之，藥物先須備擬，自將行要即用之。

如此祕法不許出家人行，持此法者，所作供養皆須自禮拜諸天，出家人具佛禁戒，令諸人不安不敢受拜。所求福德悉不成就故，違行者當犯大罪，是以不傳出家之人。本法金剛智三藏，於天竺大師所受得，勿令傳之，只許授與白衣，修行者祕之祕之。西方深

Acalanātha

不動明王

西藏不動明王像

重此法，設欲行密之不令諸國知有，是以西國相承繼
嗣不絕。又西方慳法只流尊樣，於諸部中以爲大護，
殊不知有安鎮家國等法，金剛智三藏受與行者王光此
儀軌法。

　　不動尊摧他敵八方天王旗幡并八方天降怨眞言法

　　東方作白色旗，旗上畫帝釋天王，右手持獨股
杵，左手叉腰，乘六牙白象，持白旗人誦天帝釋降怨
眞言。明曰：

唵因　捺羅二合野　泥　嚩　地　婆　多　曳　吽

發　吒　娑嚩二合賀

　　若東行時，先引此旗，想天帝釋領無量眷屬天
眾，持種種器仗衝彼賊眾。

　　東南方作黃色旗，旗上畫四臂火天，乘青羊遍身
火焰，右手作施無畏，第二持念珠，左手持仙杖，第
二持澡瓶，持旗人誦火天降怨眞言。明曰：

唵阿　誐曩二合曳　嘌旨二合　阿　地　頗　多

曳　吽　發　吒　娑嚩二合賀

　　若東南行時，先引此旗，想火天領無量火仙軍，

Acalanātha

不動明王

西藏不動明王像

持種種器仗，衝彼賊眾。

　　南方作黑色旗，旗上畫焰摩羅天，乘水牛，右手持焰摩幢，左手叉腰，持旗人誦焰摩王降怨真言，明曰：

唵　閻　摩　野　波㘗三合　多　地　頗　多　曳

吽　發　吒　娑嚩二合賀

　　若南行時，先引此旗，想炎摩王領無量鬼軍，持種種器仗衝彼賊眾。

　　西南方作慘色旗，旗上畫羅刹主，乘師子，右手持劍，左手叉腰，持旗人誦羅刹主降怨真言。明曰：

唵　底　哩　地曳二合　羅　乞刹二合　沙　地　頗

多　曳　吽　發　吒　娑嚩二合賀

　　若西南行時，先引此旗。想羅刹王領無量羅刹，持種種器杖衝彼賊眾。

　　西方作赤色旗，旗上畫水天，乘龜，右執蛇索，左手叉腰，其天頭上有七龍頭狀如蛇形，持旗人誦水天降怨真言。明曰：

Acalanātha

不動明王

西藏不動明王像

嗚 嚩 嚕 拏 野 曩 誐 地 頗 多 曳 吽

發 吒 娑嚩二合賀

　　若西行時，先引此旗。想水天領無量毒龍，持種
種器杖衝彼賊眾。

　　西北方作青色旗，旗上畫風天，乘麞，右手持
旗，左手叉腰，持旗人誦風天降怨眞言。

　　明曰：

嗚 嚩野 吠 佉左 嚕 地 頗 多 曳 吽 發

吒 娑嚩二合賀

　　若西方行時，先引此旗。想風天領無量金翅鳥
王，持種種器杖衝彼賊眾。

　　北方作黃色旗，旗上畫毘沙門天王，乘鬼，右手
持寶塔，左手叉腰，持旗人誦毘沙門天王降怨眞言。

　　明曰：

嗚 俱 吠 囉 夜 乞叉二合 地 頗 多 曳

吽 發 吒 娑嚩二合賀

　　若北行時，先引此旗，想毘沙門天王領無量藥叉

Acalanātha

不動明王

西藏不動明王像

軍眾，持種種器杖衝彼賊眾。

　　東北方作綠色旗，上畫伊舍那天，乘犎牛，右手
持三股叉，在手叉腰，持旗人誦伊舍那天降怨眞言。
明曰：

𑖌𑖼　𑖂　𑖫　𑖡　𑖧　𑖘　𑖝　𑖟　𑖏　𑖝　𑖧　𑖮𑗝

唵　伊　舍　那　野　步　多　地　頗　多　曳　吽

𑖦　𑖘　𑖭𑖿𑖪𑖯　𑖮𑖯

發　吒　娑嚩二合賀

　　若東北方行時，先引此旗，想伊舍那天領無量鬼
軍將士，持種種器仗衝彼賊眾。

　　大將自誦不動明王眞言，想自身成不動明王，又
想不動尊明王號令八方天王云：「汝等各領無量軍
眾，摧彼逆賊。」其大將不斷絕誦不動尊王眞言，若
作此法，彼賊自當殄滅決定無疑。即說聖不動明王眞
言，明曰：

𑖡　𑖦𑖾　𑖭　𑖦　𑖝　𑖪　𑖗𑖿𑖗　𑖢𑖿𑖨　𑖓　𑖜𑖿𑖚

曩　莫　三　滿　多　嚩　日囉二合報　戰　荼　摩

𑖮　𑖨　𑖩　𑖯𑖺𑖟　𑖘　𑖧　𑖮𑖽　𑖝𑖨　𑖘

訶　嚕　灑　拏沙頗二合　吒　野　吽　怛囉　吒

𑖭𑖼

憾轂

　　若行營所八旗在外，各依本方圍諸軍將士卒所下

Acalanātha
不動明王

西藏不動明王像

營止宿，亦各依本方豎立八旗，執旗人燒安息香，以諸素淨飲食供養，本方旗幡大將於中止宿，燒沈水香眞妙上者，亦以淨食供養，作一石不動尊明王像，高十二指畫彼人形，及書彼姓名，以此石像當上壓之，如是不久自當消滅矣。

不動明王安鎮家國法

　　八家祕錄云：不動明王安鎮家國等法一卷金剛智三藏付王無海錄外。

　　享和元辛酉天後秋月索此本於洛東智積教院更校餘本點國字鏤版

　　　　　　　和州豐山長谷歡喜院沙門快道誌
文政三年庚辰秋八月二十七日以秀陽闍梨本墨校了
龍肝

　　　　　　文政四年辛巳秋九月二十三日以板橋
　　　　　　　日曜寺宣雄比丘本朱再校了

Acalanātha

不動明王

西藏不動明王像

05 《佛說俱利伽羅大龍勝外道伏陀羅尼經》

　　如是我聞，一時佛在王舍大城。爾時寶幢陀羅尼菩薩白佛言：「俱利伽羅大龍，以何因緣吞飲利劍，及以四足被繞。」

　　佛告寶幢陀羅尼菩薩言：「昔色究竟天魔醯首羅知勝城，無動明王與外道論，共致種種神變成智，時無動明王變成智火之劍，時有九十五種外道，其首人名智達，又成智火劍，時無動明王智火大劍，變成俱利伽羅大龍有四支，降三世、軍陀利、琰魔、都伽金剛夜叉等四大明王也。頸王有蓮名智火含字俱利伽羅，高十萬由旬也。從口出氣如二萬億雷一時鳴，聞之外道魔王捨惡疑邪執，佛說陀羅尼曰：『曩謨悉底二合悉底二合蘇悉底下同悉底伽羅羅耶俱琰　參摩摩悉利二合阿闍麼悉底娑婆呵』

　　「此呪威力除一切不詳，降伏諸魔王，若有人靈氣惱，書姓名，以此呪誦三七遍，靈鬼忽然之間得焚燒，斷五辛酒肉，不染婦女穢執，一心誦此呪。一切所求決定得圓滿，不時樹令開華，四海成山，妙高山王成海。此呪威力，此呪功德也，焚水如油凹心樹如水，一切皆隨心。猶如跋伽梵，故重說偈曰：「

215

Acalanātha

不動明王

西藏不動明王像

奉仕修行者，猶如跋伽梵，

得三摩地上，興菩薩同位。

俱利伽羅龍，稱念彼名字，

現除怖魔障，後生安樂國。」

　　佛說此經，一切惡魔王九十五種大龍王，大歡喜信受奉行。

俱利伽羅龍王陀羅尼經終

Acalanātha

不動明王

不動明王像

Acalanātha

第六章　不動明王的重要經典
《聖無動尊安鎮家國
等法》

不動明王像

Acalanātha

不動明王

不動明王像

不動明王像

阿彌陀佛
平安吉祥

A m i t ā b h a

阿彌陀佛護佑我們脫離恐懼憂惱，

使慈悲心、智慧增長、長壽安樂。

若能心存善念，誠心誦持阿彌陀佛名號，

多作善行，不僅可以讓我們運途順暢，

求福得福，一切善願皆能如意。

藥師佛
消災延壽

【附藥師咒教唸CD】
（梵音、藏音）

B h a i s a j y a - g u r u

藥師佛能護佑我們脫離各種疾病的痛苦，

使身體健康，壽命延長，遠離生命的災難、障礙、

最重要的是幫助我們去除病苦的根源——

心的根本煩惱，最終得到究竟的安樂。

大日如來
密教之主

airo cana

大日如來,

是密教最根本的本尊,

他的智慧光明能遍照一切處,

開啓我們本具的佛性智慧,

護佑我們遠離黑暗的無明煩惱,

除去慳貪邪見等,

一切障難自然消滅,

獲得自在如意、慈悲智慧圓滿。

觀音菩薩
大悲守護主

附〈心經〉、〈普門品〉、
〈耳根圓通章〉白話語譯

附大悲咒（梵音、藏音）教唸CD

Avalokitesvara

觀音菩薩的悲心深重，
對濟度眾生的種種苦難有特別的願力與護佑，
因應各類有情眾生的需要，
觀音菩薩以種種身形來施行無畏的救度，
使我們不生起恐怖畏懼，
而得到無限慰藉與清涼。

文殊菩薩
智慧之主

附文殊咒 教唸CD

M   ñ   u   ś   r   i

文殊菩薩是一切菩薩中智慧第一的菩薩，

能護佑我們入於智慧大海，

堅固我們的記憶，獲得聰明辯才無礙；

消除愚癡、闇啞及語業的障礙，

增長一切福德與智慧；

開發俱生的智慧，了知諸法實義，

得致諸佛菩薩的圓滿智慧，一切所願皆得滿足。

普賢菩薩
廣大行願守護主

Samantabhadra

守護我們的善願能迅速成就。

增強行動力與實踐能力。

清淨罪障，止息煩惱。

催伏一切障礙、災難。

增長智慧、無礙辯才。

守護佛菩薩12

《不動明王—除障守護主》

編　　者　全佛編輯部
插　　畫　纙嬂
執行編輯　吳霈嬂
美術設計　Mindy
封面設計　張育甄
出　　版　全佛文化事業有限公司
　　．　　永久信箱：台北郵政26-341號信箱
　　　　　訂購專線：（02）2913-2199　傳真專線：（02）2913-3693
　　　　　發行專線：（02）2219-0898
　　　　　匯款帳號：3199717004240 合作金庫銀行大坪林分行
　　　　　戶　　名：全佛文化事業有限公司
　　　　　E-mail：buddhall@ms7.hinet.net
　　　　　http://www.buddhall.com
門　　市　新北市新店區民權路95號4樓之1（江陵金融大樓）
　　　　　門市專線：（02）2219-8189
行銷代理　紅螞蟻圖書有限公司
　　　　　台北市內湖區舊宗路二段121巷19號（紅螞蟻資訊大樓）
　　　　　電話：（02）2795-3656　　傳真：（02）2795-4100

初　　版　2003年05月
初版二刷　2014年07月
定　　價　新台幣220元
ＩＳＢＮ　978-957-2031-29-2（平裝）